マネジャー育成講座

リーダーシップの磨き方
組織力の高め方

はじめに

　企業における重要なリソースはヒト、モノ、カネである。これらを会社からあずかり、それを用いて業績をあげて会社に貢献することが、管理職の最大の責務である。その際、管理職のポジションパワーに頼り、強制的に働かせるばかりでは、部下たちは磨耗してしまう。筆者は、管理職としてのスキルやノウハウは学習、開発可能なものだと思っている。最初から管理職という人はいない。人のもつ力、可能性を引き出すよう意識して取り組み、うまく工夫できたと実感できたなら、それは自分のノウハウとして身についたことであり、体得できた証である。そのような経験を通じて管理職になっていくのだ。このことは、学び、試す機会があるほうが、良い管理職になれる確率が高いことを意味する。

　1980年代半ばから後半の時期は、いわゆるバブル期に重なる。企業の人口構成はピラミッド型で、日本の人口構成で大きな存在である団塊世代が40歳前後で課長など中間管理職にあり、毎年のように新人が組織に加り、入社数年後の社員には先輩として彼ら彼女らをケアする役割が自然に求められていた。しかしバブル崩壊とその後の「失われた20年」の中で、若手人材の採用を抑えた企業も多い。そのため、職場の中で後輩の面倒をみる経験などがないままに、管理職選考の時期を迎える人が増えている。つまり、いかに意識して学び、管理職として成長していくかについて、覚悟して臨む必要が生じているのだ。

　また、バブル期の大量採用とその後の採用抑制の影響で、社員の年齢構成は高齢層の多いキノコ型となり、年上部下を抱える管理職も多い。女性の活用と登用、外国人の戦力化など、多様な人材のマネジメントも期待されている。一方で、法規に則った労働時間管理がいっそう求められるなど、管理職が対応すべき課題は複雑化している。

　本書は、そのような状況下にある今日の管理職に求められる実践的知識をまとめたものである。第1章から第3章では、人と組織のマネジメントに必

要なスキルやノウハウ、管理職としてふさわしいマネジメント行動をまとめた。それらを踏まえて、キャリア開発の視点から今日までを振り返り、さらに大きな役割を担うために準備したいことを第4章で触れる。課長などの管理者になったとしてもそれでキャリアが終わるわけではない。むしろ管理者として入り口に立ったにすぎないのだ。また、管理者となると部下の人事評価と報酬決定に関与するようになるので、報酬制度の歴史や特色についての理解も進めたい。そこで第5章では、管理職に課せられる法的責任とその位置づけ、部下をマネージするうえで必須となる労働時間管理とメンタルヘルス管理に必要な知識を取り上げた。加えて近年はメンタルヘルス不調者が増えており、その対応は職場のマネジメントにおいても避けられないテーマとなっている。この領域については第一人者の専門家・精神科医による論考を第6章でまとめた。

　本書の特色は2つある。一つは、人と組織のマネジメントに必要なノウハウについて幅広く取り上げたことである。リーダーシップ、キャリア開発、労働法などの関連法規、報酬、メンタルヘルスと多岐にわたる。興味のある方は各領域での理解をさらに深めていただきたい。もう一つの特色は、アカデミックな理論を積極的に紹介したことである。読者諸氏は企業での業務やマネジメント活動を通じて、多くの知識を会得し多様な経験を積まれているはずである。それらを、どのような観点から、どう整理するかで、その意味づけは異なってくる。学術的な理論は、一定の前提や条件のもとでは「なるほど」という理屈がつくものである。そのため、読者のもつ経験や知識を整理し、意義づけに有効と思われる理論を取り上げた。なお、それらはヘイグループ（現コーン・フェリー・ヘイグループ）が蓄積してきた手法やデータ、知見を得てまとめたものである。

　本書が、管理者として優れた組織業績をあげ、部下と組織を成長させ、自らも成長したいと願う方々の一助となれば幸いである。

2016年9月

　　　　　　　　　　　　　　　　　　　　　　　　　本寺　大志
　　　　　　　　　　　　　　　　　　　　　　　　　小窪　久文

目次

はじめに

第1章　管理職とは ……………………………………… 11

1．管理職とは ……………………………………… 12
1．「職務」としての管理職 …………………………… 13
2．非金銭的価値をもたらす ………………………… 16
3．マネジャーシップの発揮 ………………………… 20

2．マネジャーとリーダー ………………………… 22
1．一人ではできない成果を導き出す ……………… 23
2．マネジメントとリーダーシップ ………………… 24
3．マネジャーは会社が決め、リーダーは周囲が認める …… 25

3．管理者としての階段を上がる ………………… 27
1．型を学ぶ …………………………………………… 27
2．部下を動かすことで成果をあげる ……………… 31
3．昇進にともなう課題と役割の変化 ……………… 33

4．優れたマネジャーの行動特性（コンピテンシーモデル）… 35
1．コンピテンシーとは ……………………………… 36
2．マネジャーのコンピテンシーとは ……………… 41

5．管理職の心構え ………………………………… 43
1．難題こそ引き受ける ……………………………… 43
2．部下を活かす ……………………………………… 45

第2章　組織成果を高めるマネジメント行動……47

1．「方向感」を明瞭にする……………………………………49
　1．方向を示す………………………………………………49
　2．役割を決める……………………………………………52
　3．仕事の進め方の原則を決める…………………………53

2．目標達成を促し成果にこだわる…………………………55
　1．チャレンジングな目標の意義…………………………56
　2．達成への執着……………………………………………59

3．機会と権限を与え、挑戦させる…………………………61
　1．部下と勝負しない………………………………………62
　2．仕事をひと塊で相手に委ねる…………………………63
　3．任せて育てる……………………………………………67

4．職場の自由度を高める……………………………………68

5．部下の力を認め、処遇する………………………………70
　1．公正な評価のための日々の「見守り」………………71
　2．低い評価を納得が得られるように伝える……………73
　3．評価の低い部下のやる気を高める……………………74

6．チーム意識と一体感を高める……………………………77

7．リーダーシップスタイルに自分らしさを加える…80
　1．リーダーシップスタイルの6つの特性………………81
　2．リーダーシップが形づくる組織風土…………………87
　3．コンピテンシーとリーダーシップスタイル…………90

第3章　多様化する組織のマネジメント……93

1．上司への働きかけ……94
1．期待の確認と定期的なコミュニケーション……95
2．フォロワーシップを発揮する……99

2．コンプライアンスと基本姿勢……101

3．多様な部下への対応……103
1．年上部下への対応……104
2．女性の登用……110

4．組織のマネジメント……115
1．長時間労働への対応……115
2．組織風土の改善……117

5．海外でのマネジメント行動……121
1．リーダーシップスタイルの特性……122
2．駐在員派遣における課題とリスク……124
3．駐在員マネジャーのとるべきマネジメント行動……126

6．危機時のマネジメント行動……128
1．リーダーがとるべき行動……128
2．危機的状況下におけるモチベーション維持……130
3．危機的状況下のリーダー行動……132

第4章　将来設計を踏まえた自己開発……137

1．キャリア開発はなぜ必要なのか……138

1．ビジネスラインとピープルライン……………………138
　　2．企業内における「キャリア」とは………………………140
　　3．人材サイクルの原点に立ち返る…………………………142
2．3つのキャリア理論……………………………………………143
　　1．スーパー理論…………………………………………………144
　　2．シャイン理論…………………………………………………146
　　3．クランボルツ理論……………………………………………150
　　4．キャリア理論を通じた振り返り…………………………152
3．企業内（組織内）キャリアの課題……………………………153
　　1．プレイヤーから課長への転換……………………………153
　　2．課長から部長に至る行動開発……………………………158
　　3．部長へ成長するための8原則……………………………160

第5章　労働法と報酬の基礎知識……………171

1．会社の義務と管理職の法的位置づけ…………………172
　　1．賃金支払い義務と安全配慮義務…………………………172
　　2．労働基準法における「管理職」…………………………173
2．時間外労働と労働時間管理……………………………………174
　　1．労働時間、時間外割増賃金と有給休暇…………………174
　　2．管理職（管理監督者）への労働時間規制適用…………176
　　3．部下に対する労働時間管理…………………………………177
3．安全配慮義務とパワーハラスメント防止…………………180
　　1．指導とハラスメントの境界線……………………………181

2．ハラスメントによるメンタルヘルス障害の増加…………183
　　3．パワハラをなくす取り組み……………………………185
4．日本の評価・報酬制度の特色……………………………186
　　1．給与と賃金……………………………………………186
　　2．報酬・評価制度の変遷………………………………187
　　3．手当、福利厚生の位置づけ…………………………193
　　4．定昇とベア……………………………………………194
　　5．業界横並びから業績連動の賞与へ…………………196
5．海外との対比にみる日本の報酬の特色…………………199
　　1．課長クラスまでは世界トップ水準…………………199
　　2．少ない報酬差…………………………………………201
　　3．内部昇進による緩やかな賃金上昇率………………202
　　4．男女の賃金格差と勤続年数格差……………………205

第6章　職場のメンタルヘルス……………………………207

1．メンタルヘルスの臨界点…………………………………208
　　1．ストレスに対する心と身体の反応…………………208
　　2．認知と動機づけの関係………………………………209
　　3．悩みと強み（レジリエンス）………………………210
　　4．メンタルヘルス不調のリスク………………………211
　　5．リスクマネジメントの視点…………………………212
2．どこからが「病気」なのか………………………………212
　　1．パースペクティブモデルと新型うつ病……………212
　　2．適応障害とうつ病の違い……………………………214

3．養生（セルフケア）の効果……………………………………215
  4．治療………………………………………………………………217

3．「困った部下」と大人の発達障害……………………………219
4．職場のメンタルヘルス対応……………………………………223
  1．職場対応が不十分な日本の体制………………………………223
  2．管理監督者の役割………………………………………………224
  3．仕事中毒（Workaholic）からActiveな働き方へ…………226
  4．ストレスチェック制度の概要…………………………………227
  5．職場のストレスモデル…………………………………………228

表紙カバーデザイン──林　一則

第1章 管理職とは

1. 管理職とは

　管理職というと、何を思い浮かべるだろうか。
　筆者が社会人として駆け出しのころを思い起こすと、管理職である上司は、仕事の進め方に困って相談したら良い解決方法を指示してくれたり、「お前はまだわかっていないな」と言いつつも仕事の目的や、その目的のために何をするのか、その考え方をとことん鍛えてくれた存在であった。上司の席に呼ばれるときは「またか」と気が重くなったが、いま振り返ると、良い成長機会だった。また、いつもは強気な発言をしているその上司が、大きな業務処理ミスが明らかとなったときに、その問題現象と理由、対応策を担当役員に報告するために神妙な面持ちで役員室に入っていく様に、上司が背負っている「管理職の責任」を肌で感じたものだ。
　その後、外資系コンサルタント会社に移ったところ、イギリス人の上司は数字を用いた論理的な説明でないと納得せず、前職の日本企業の日本人上司たちに比べるとトップダウンで指示をしてきた。最初のうちは説明などがかなり大変だったが、それなりの品質でアウトプットを出せる領域ができると任せてくれるようになった。また、質の悪い報告書でプレゼンテーションに間に合わせるよりは、多少期限に遅れてでも質の高さを優先していた。なぜならその報告書の内容が経営の意思決定に使われるものだからであり、「1時間の遅れより良い内容」を信条としていた。そのため、時間どおりを優先する日本人顧客からは「非常識」となじられた。その彼も、海外担当役員からの毎月の業績レビューでは、業績が厳しいときはむずかしい表情をみせ、大変そうだった。
　英語の動詞Manageは「管理する」という意味のほかに、「なんとかやりくりする」という意味もあり、これが管理職を表わす名詞Managerの実態に近いだろう。管理職のもとには、部下が解決できない課題が次から次へと舞い込んでくる。顧客からの重大なクレーム、他部署へ協力要請してもなか

なか同意が得られず期限だけがすぎる、チームのメンバー間で確執が生まれ業務に支障が生じるなど。このような面倒な調整、やりくりが管理職の「大変さ」を想起させるのかもしれない。一方、その大変さをこなすために一定の金額までは自部署で使う経費の内容を決定できたり、部下を評価したりする権限が与えられている。この権限があるがゆえに部下は、上司の指示に従った行動をとることになり、いわゆるポジションパワーが発揮される。また地位という点では、顧客や取引先に名刺を渡した際に、「今後は担当者レベルではなく、課長が自らご担当いただくのですね」という反応が示されたり、金融機関での融資等で自身の信用情報を記載する際にそのステータスが実感されたりする。

　以下では、そのような「管理職」とは何なのか、それがどういう存在かを考えてみたい。

　大辞林では管理職を「官公庁・企業・学校などで管理または監督の任にある職。また、その任にある人」としている。管理する職務を意味するとともに、その職務に就く人を指している。日本語としては少し変な表現だが、「管理職であること」と「管理職をすること」とに分けてみると、前者は、管理職という職務の特性とは何か、そして後者は、その職務をこなすためにどのような行為、何をすることが求められているのか、となる。

1.「職務」としての管理職

　管理職とは、「公式に、会社から、一定の範囲の経営の仕事をこなす職責を求められ、その職責をこなすための権限と経営資源（ヒト、モノ、カネ）を与えられた人」である。

　そもそも株式会社とは、会社法にもとづくと、出資した株主から委託されて事業を営む組織体であり、事業の執行を任されて最終責任を負うのが社長である。株主からすると、社長に期待するのは、委託した事業について成果をあげることであり、その成果とは、事業で継続して利益をあげ続けて株主還元することだ（もちろん、社長は他のステークホルダーである顧客、社員、社会、取引先への責任もあるが、ここでは話を簡単にするために、あえてこのように記す）。

社長は、自分に委託された責任を果たすために一人ですべての事業内容をこなせるわけではないので、果たすべき事業執行内容を分割し、他の人、つまり部下に、その事業を責任をもって果たすことを委託し、見返りに報酬を与える。この連鎖が、社長から役員へ、その下の部長へ、さらに課長へ、非管理職社員へと続く。社長が担う内容を100とすると、役員が2人いたら、それぞれが50ずつ。その下に部長が2人いたら、それぞれが25ずつ。その下の5人の課長が5ずつというように、社長の担う「重荷」を階層を通じて分担し合っていくイメージである。

　たとえば、戦略立案責任を例にすると、全社戦略は社長で、営業部門の営業戦略は営業本部長、さらにその中でも東日本の営業戦略は東日本営業統括部長というように、一定の範囲で仕事が委託され、その仕事をこなす責任、つまり職責が定められる。その職責と権限が本部長、統括部長という職務名となり、組織内での序列（上下関係）が明らかとなる。

　職責の内容としては、戦略や目標を立てる範囲、計画をもとに行動をとるように指揮命令し管理する範囲、評価して報酬を決められる部下の範囲、権限としては経費などモノを購入・決済できる金額の範囲などである。職責を果たすために与えられるのが経営資源（ヒト、モノ、カネ）であり、この経営資源を活用して、委託された範囲の事業を全うすることが責任となる。言い換えると、委託された事業の範囲を全うするために付与された人と機能が、本人が責任をもつ「組織」となる。

　社長の職務は、株主に利益還元という成果を出すことと前述したが、職務とは、その活動を通じて成果を創り出すことであり、それを成果責任と表現する。この成果責任は、利益などの直接的成果（財務的成果）をあげることが結果として求められるが、その過程にあるのが「方針・計画」「内部体制・資源」「外部との関係」「イノベーション」といった多様な活動である。

　では、社長ではなく、管理職レベルだとどのような成果責任が求められるのだろうか。**図表1－1**は、ある企業における、特定地域の営業管理職のミッションと成果責任を、その職務記述書から抜粋したものである。

　そのポジションは何のためにあるのか。「ポジションの目的」（ミッション）は、「担当する組織の営業利益を拡大する」という利益責任をもち、そ

のことを通じて、上位組織である「事業部」全体の営業利益の拡大に貢献することである。売上高ではなく営業利益となっているのは、このポジションには、売上高を高めるための活動だけでなく、営業にかかる経費も適切にコントロールして利益を高めることが求められているからだ。利益責任をもつとは、社長と同様に、いわば担当する組織の経営者としての責任が期待されているのである。

そして職務で期待される成果責任（職責）を果たすために部下（ヒト）という経営資源が付与され、組織が形づくられる。

図表1−1　職務記述書の成果責任

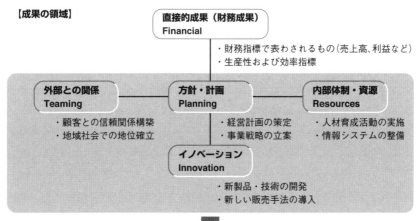

ポジション名称：○○地域営業グループ長	
ミッション：○○地域営業グループの営業利益を拡大し、事業部の営業利益の拡大に貢献する	
成果責任	
戦略策定 Planning	○○地域営業グループの中期販売計画、単年度販売計画の策定
財務成果 Financial	○○地域営業グループの計画営業利益の確保 ○○地域営業グループの得意先の与信管理
業務成果 Operational	○○地域営業グループ管轄の顧客満足度の向上
イノベーション Innovation	○○地域営業グループの既存販売チャネルの統合と新規チャネルの構築
外部との関係強化 Teaming	○○地域営業グループの得意先との関係の維持・強化
経営資源・体制強化 Resources	○○地域営業グループ内の部下の育成

この職務という観点から管理職をみてみると、経営責任が上から下へと委託されていくので、「社長の部下の部下」という意味合いが濃くなる。

２．非金銭的価値をもたらす
　職責を果たすために、リソース（部下や経費）を与えられ、それを自分の裁量で使いこなす権限を得たら、だれもが管理職として仕事をこなしうるのだろうか。同じ部署内でも頑張って優れた成果をあげる人もいれば、そうでない人もいる。やり手といわれる管理職もいれば、くたびれて仕事をしていないようにみえる管理職もいる。同じ組織の管理職のもとにいる部下が、みな同じような仕事ぶりで成果をあげているわけでもなく、またその結果として、どの管理職もみな成果をあげているわけでもない。つまり、権限・ポジションパワーを使うだけでは、管理職としての仕事は全うできないのである。「ヒト」の面の違い、すなわち部下の成果をいかにあげるかが、良い管理職とそうでない管理職を分けるのだ。管理職に仕える部下の観点からすると、どうせなら良い管理職に仕えたいものだ。

　近江商人の商売の考え方に「三方よし」がある。「買い手よし」「売り手よし」「世間よし」として買い手も売り手もともに満足し、社会にとっても貢献できるのが良い商売だ、という考え方である。これを企業活動にあてはめてみたい。「買い手」は顧客と置き換えられる。「売り手」は企業だが、企業は一人ではなく複数で事業経営されるので、ここでは単純に「社長」と「社員」としてみたい。「世間よし」は企業の社会貢献や企業が社会に提供している価値についてふれているため、ここではそのままとしておく。そうすると「社長よし」「社員よし」「買い手（顧客）よし」「世間よし」となる。

　会社を経営し事業を営む「社長（企業家）」、事業を運営するために労働を提供し賃金を得る「社員」、会社の商品に魅力を覚えそれを買う「顧客」。この三者が、企業活動における重要な関与者であり、商品企画、生産から販売までの企業活動が一回限りでなく継続した営みとなりえるのは、企業家（社長）、従業員（社員）、顧客の三者すべてにとって、提供するものと受け取る便益が見合うことから、互いが関与し続けるのだと考えられる。

　企業家と顧客の間では、企業家は、生産にかかった額より高い値段で顧客

に商品を買ってもらい利益を得る。顧客はその商品にその値段なりの価値があると感じるから、原価より高い値段でもその商品を買う。また、企業家と社員の間では、費用（賃金）よりも価値のある労働を提供してくれているから継続して社員を雇用し、社員は自分が提供している労働の対価よりも多くのものを報酬として受け取っているから、その組織に継続して従事する。このように三者が便益を感じている、すなわち片方だけが大きく得をしている、あるいは損をしているとは思わず、うまく釣り合っていると感じるから、この関係が継続されるのだ。

　もう少し丁寧に、企業家と社員の関係をみてみよう。もし、企業家が受け取る労働の価値が10であり、社員が受け取る価値（報酬）が10だとすると、この交換は一回限りで終わってもおかしくない。両者ともに、利益を覚えないからだ。企業家からすると、もっと安価にこの労働を提供してくれる人がいれば入れ替えようとする。社員も、提供した仕事をもっと高く買ってくれる、つまり高い報酬を提供してくれる先があればそこへ移ろう、となる。

　しかし社員が、報酬以外に昇進機会、教育や指導、おもしろい仕事内容などの非金銭的価値があると思うなら、提供する労働よりも多くをこの企業家から受け取っていると感じる。たとえば企業家から受け取る報酬10に加え、非金銭的価値として20を受け取り、その見返りに20の労働の価値を企業家に提供していると仮定してみよう。社員は10の利益を得ており、これを「おいしい」と感じて、進んでその組織にとどまる。一方、企業家は非金銭的価値を提供しているので、労働の価値が20なのに報酬は10ですんでいるので、10の利益を得ていることになる。

　この概念を用いると、企業家は社員に対して非金銭的価値を提供することがその仕事であり、また存在価値でもある。組織が大きくなると企業家はすべての社員を統括できなくなるため、ある組織と一定の部下は企業家（社長）から管理職に委託される。そうするとこの非金銭的価値を提供するという仕事もその管理職に委託され、より多くの非金銭的価値を部下に提供できる人が優秀な管理職ということになり、そのような管理職を多くもつ企業家は、より高い利潤を得ることになろう。

　この、近江商人の三方よしと似た概念にサイモン（H.A.Simon）の「均

衡理論」がある。人間は合理的な行動をするとは限らず、錯覚や思い込みも含めて心理的にどう感じるかが行動を決定するという考え方を下敷きにしたものである。この考え方を踏まえると、管理職が行なっている仕事とは非金銭的価値を部下に与えることとなる。より多くの非金銭的価値を与える管理職のもとにいる社員は、進んでその関係にあること、つまり部下としてその管理職に仕えることに積極的となる。

　では、非金銭的価値を与えられない管理職のもとにいる社員は、どうなるのだろうか。やる気をなくして頑張る気持ちになれず、他部署への異動を希望、あるいは退職していく。リクルートの調査によると、退職理由のトップ3は「上司・経営者の仕事の仕方が気に入らなかった」(23%)「労働時間や環境が不満だった」(14%)「同僚、先輩、後輩とうまくいかなかった」(13%) である。以下、「給与が低かった」「仕事内容がおもしろくなかった」「社長がワンマンだった」「社風が合わなかった」「会社の経営方針や経営状況が変化した」「キャリアアップしたかった」「昇進や評価が不満だった」と続く（「退職理由のホンネランキング」転職者100人への調査、リクナビ、2014年4月23日）。

　この逆で、「上司の仕事の仕方が気に入っている」「労働時間に満足している」「同僚等とうまくいっている」なら、社員（部下）は満足して良い仕事をするのだろうか。あるいは「とてもむずかしくて開発は夢といわれていた○○の製品化を任されて、それに成功した」など仕事内容そのものは満足感につながらないのだろうか。

　仕事・職場に関して、とても満足した事柄と、とても不満足な事柄について北米の工場や管理部門などに従事する1685人を対象に調査したところ、満足が高い事柄と不満が強い事柄は別であることが明らかとなった。この調査により見出された動機づけ理論モデルが、満足する事柄を意欲要因、不満に思う事柄を衛生要因とする2要因モデルである（**図表1－2**）。

　社員が満足し意欲をもつのは、むずかしい課題の解決や予算目標を満たす実績をあげるなどの「達成」、成果をあげたことを褒められたり、頼もしい人材、有能な人材として自分の価値を「認められる」こと、いまよりも仕事を「任される」ことなどである。これに対して「会社の方針と管理」、上司

図表1-2 衛生要因、意欲要因

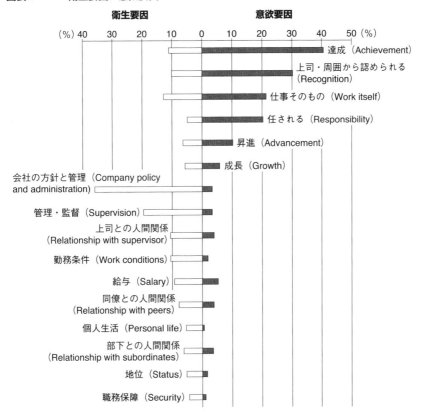

注：数値(%)は、回答者が満足(意欲)あるいは不満足(衛生)と回答した割合
出所：ハーツバーグ "One more time：How do you motivate employees",(『ハーバード・ビジネスレビュー』1987年9-10月号)

の「管理・監督」「給与」は、それが満たされても意欲につながったと感じることは少ない。「会社の方針と管理」は、それが優れていても、社員からは、もっと良い方針を出してほしい、より良い管理にしてほしいとなり、また「給与」は、もらえるならもっとほしいと際限がないためだ。

一方、衛生要因については、「会社の方針と管理」が不満の第1で、次いで上司による「管理・監督」「上司との人間関係」、さらに「仕事そのもの」と続く。この調査自体は1960年代のものだが、不満としてとらえる衛生要因

の内容・事柄と、半世紀を経た現在の調査内容である退職理由とを対比しても、その序列の傾向はおおむね変わっていない。

この2要因モデルは、次の点を示唆している。
◆満足を高める意欲要因、不満を覚える衛生要因となる事柄は別物である
◆衛生要因は、それが改善されると不満はなくなるが、意欲が高まるわけではない
◆意欲要因は、それが満たされると意欲が高まるが、満たされなくても不満に直結するわけではない

管理職としてまずは、社員が不満を覚えず、腰を据えて仕事ができるよう土台を固めること（衛生要因対応）が求められる。具体的には、
◆会社方針に沿いつつも部下も納得できる自部署の運営方針を示す（会社方針・管理）
◆部下に適切な指導や助言をして管理する（監督）
◆部下の意見に耳を傾けるなど意思疎通をはかる（人間関係）

これらに加えて、部下社員のやる気を引き出す（意欲要因整備）ために
◆部下が成果をあげられるようチャレンジの機会を与え、その達成を支援する（達成）
◆仕事ぶりを認める（承認）
◆仕事を任せ、コントロールを抑えて本人の判断に委ねる（責任）
など、異なる動機づけの方策を用いることが必要である。

マネジャーとして、どのように意欲を引き出すかなど、動機づけについては第2章でもふれたい。

3．マネジャーシップの発揮

管理職がなすべきこととして、非金銭的価値を与えて部下を動機づけることにふれたが、管理職とはいったい何をする人なのだろうか。

管理職とは、「与えられた職責を果たし、組織の成果に責任をもつ」人であり、組織や職域によらず、「ビジョン・目標を掲げて組織を導き、部下が自分の役割を主体的に果たし、高い質の仕事を成し遂げるようにコミットさせ、組織として成果をあげ、部下の成果に報い、自身・部下がその組織に属

することに誇りをもてる状態をつくり上げる」人である。要約すると、与えられた職責と組織の成果について責任をもち、部下に成果達成行動をとらせ、見返りに報酬（金銭的報酬と非金銭的価値）を与えることが管理職の仕事となる。

　ドラッカー（P.F.Drucker）は「組織の成果に責任をもつ者」をマネジャーとしている。そして、販売や工場などの機能や職種などの領域の違いにかかわらずマネジャーが行なう「仕事」として、①目標を設定する、②組織する、③動機づけとコミュニケーションをはかる、④評価測定する、⑤人材を開発する、をあげている（『マネジメント』）。

　筆者の属するヘイグループでも、世界の経営エグゼクティブやマネジャーたちが管轄する組織の活力度合いがどうなっているかについて、グローバルに調査を行ないデータを蓄積している（「組織風土調査」）。それによると、

◆組織のミッションと方向性、役割分担が明瞭である
◆いま以上の成果をあげること、改善を積み重ねていくことや改革・ブレークスルーが奨励されるなど、常に高い基準で仕事を推し進める
◆メンバーが互いに協力し、相互信頼し、その組織に誇りをもてる組織である

の３要素が満たされている組織は活力があり、メンバーがより頑張ろうと動機づけられていることが見出される。つまりこれらが、良い成果をあげる組織風土（組織のメンバーが感じている組織状態）であるということができる。この状態をつくることが優れた管理職＝マネジャーが行なうべき仕事なのだ。

　それをここでは「マネジャーシップの発揮」とする。

　ちなみに、リーダーが統率者としてその手腕を発揮する様をリーダーシップというが、この言葉は広く浸透している。一方で、マネジャーシップという言葉は、あまり知られていない。辞書でManagershipを引くと「マネジャーの腕前」とある。まったくの造語ではないことはわかるが、おそらく、厳しい管理者としてコントロールする、あるいは状況を収めるためにあえて腹黒いことをするなど、後向きのイメージもあるので、あまり使われないのだろう。

繰り返しになるが、管理職とは、「会社から一定の範囲の経営責任を職責として与えられ」「動機づけや指導などを通じて非金銭的価値を部下にもたらし」「組織の成果に責任をもち、マネジャーシップを発揮する」人である。最初の「一定の範囲の経営責任をもつ」という点が、労働基準法における管理職の位置づけであり（第5章参照）、そのため、労働時間管理の対象から除外される根拠となる。また、管理職という職務・ポストを与えられたとしても、それをこなすこと、ここでいうマネジャーシップの発揮がともなわなければ、降格などもありうるものの、うまくこなせばさらなる昇進の機会も出てくる。なお「ポストや権限をもつ管理職であること」と、「日々、管理職という役割をこなし、管理職をすること」は別物であり、後者のほうが大切である。

2. マネジャーとリーダー

　ところで、マネジャーとリーダーはどう違うのだろうか。
　これまで、管理職とはどんな存在かについて紹介してきたが、両者の違いはあいまいなままにしてきた。管理職の役割のうち「公式に、会社から、一定の範囲の経営の仕事をこなす職責を求められ、その職責をこなすための権限と経営資源（ヒト、モノ、カネ）を与えられた」という「職務」の面に焦点を当てると「マネジャー」のほうが合っているようであり、「組織の成果に責任をもち、ビジョン・目標を掲げて組織を導き、メンバーがコミットし、組織として成果をあげ、その組織に属することに誇りをもてる状態をつくり上げる」という「行為」の面からは「リーダー」が合うように思われる。
　前者は権限と経営資源をもった人で、後者はメンバーを導き、成果を出す人となる。また、「マネジャー」は決められたことを実行し、その過程のプロセスを管理する、どちらかというと守りの人、一方、「リーダー」はやるべきことは何かの方向性を示して変化を引き出す、攻めの人という考え方も広まっているようだ。

1．一人ではできない成果を導き出す

このリーダーとマネジャー、そしてリーダーシップとは何かについて、元日本GE（ゼネラル・エレクトリック）社長の伊藤伸彦氏は以下のように整理している。
◆マネジャー…プロセスに責任をもつ、複雑さに対応する
◆リーダー…結果に責任をもつ、変化に対応する

すなわち、リーダーとは「ビジョンを示しそれを実現する人」「変化を起こし改革を担う人」である。

伊藤氏はGEでの事業開発などのマネジメントのポジションを経て、日本にあるGEの複数の会社の社長を歴任された。GEのリーダーには常に挑戦的な高い目標（ストレッチ目標）が課され、それを達成すること、その結果に責任をもつことが宿命とされる。それを反映して、「リーダーは結果に責任をもつ」とし、また従来どおりのやり方ではストレッチな目標を成し遂げられないので、新たなやり方にチャレンジし「変化を起こす人」としている。

図表1－3にある、リーダーに与えられる「権限以上の責任」「能力以上の目標」とは、たとえば日本の社長が日本の売上をあげるためには、いままでにない製品開発が必要だと考え、そのためにはアメリカとドイツの開発部隊と日本の部隊が協力することが不可欠なので、自分の指揮命令権下にない他国のリーダーのコミットメントを取りつける、といったことだ。

図表1－3　リーダーに与えられるもの
・自分のもつ権限以上の責任
・自分の能力以上の目標

リーダーシップとは
・自分の権限の及ばない相手でも（上司、同僚、他部署の関係者）、ビジョンやデータをもとに影響を与えて動かす力
・自分一人の力では不可能なことも周囲を巻き込み、動機づけ、みなの力を合わせることで成し遂げる力

このように、大きな責任、高い目標を成し遂げるために、上司や他部門を動かし、また関与する人たちを動機づけて力を合わせて一人ではできない成果を導き出すことをリーダーシップとしている。
　これは、「私には権限がないので、そのような高い目標の達成はできません」、あるいは「もっと権限をください、それならばその目標にチャレンジします」という精神・発想ではないことを示唆している。また権限と責任が一致する、あるいは能力と目標が一致するとは、自分の領域やポジションの中に立てこもる状態だ。当時、日本GEの人事部マネジャーだった筆者の目には、伊藤氏が、自分の権限を超えた相手を巻き込み、また一人ではなく配下の執行役員たちと経営チームで仕事を進めていたことから、とてもエネルギッシュにリーダーシップを発揮しているリーダーとして映っていた。

2. マネジメントとリーダーシップ

　マネジャーとリーダーの関係について、管理者・マネジャーとしての役割をマネジメント、リーダーとしての役割をリーダーシップとして整理しているのが、コッター（J.P.Kotter）だ。双方の役割の違いは次のとおりである。
〔マネジメント〕
◆役割…複雑な環境にうまく対処し、既存のシステムの運営を続ける
◆課題達成プロセス…①計画立案と予算策定、②組織化と人材配置、③コントロールと問題解決
〔リーダーシップ〕
◆役割…組織をより良くするための変革を成し遂げる
◆課題達成プロセス…①進路の設定、②人心の統合、③動機づけと啓発
　マネジメントが経営管理の基本でありベースの役割であるのに対して、リーダーシップは変化、変革をもたらすことから近年、その重要性が取りざたされている。変革、Changeは今日ではなじみのある言葉だが、コッターがこの概念を打ち出した1980年代のアメリカ企業の状況を念頭におくと、変化や変革を重視している点がいっそう理解しやすい。
　当時は自動車や家電製品分野で日本企業が台頭するなど、それまで世界の中で優位にあったアメリカ企業の凋落が懸念された時期だ。環境変化に対応

し生き残れた者が勝者であり、いくら伝統があり優秀であっても変化できなければ勝者になれない、そういう危機意識が満ちていた。環境変化に対応するために事業構造の変換（選択と集中による事業のスクラップ・アンド・ビルド）を進め、リストラや組織構造のスリム化、あるいはM&Aによる事業の強化、企業再編などが行なわれた。

これに対して日本では、バブル崩壊後に大手金融機関等の破綻が起き、90年代後半以降に企業再編などの変化が進んだ。近年ではリーマンショック、東日本大震災と経営に大きなインパクトをもたらす出来事が続き、また中国を筆頭とする新興国の台頭によるアジア市場の重要性の高まりなど、さまざまな変化が生じている。このように変化に直面し続けている企業の経営環境を踏まえると、日本でもリーダーシップが大切であることがよくわかる。

変化が絶え間なく生じているときとは、あたかも企業という船が、荒れる海でどこへ向かっていくかの航路図を描きにくい時期であり、船に乗っている人たちも不安を覚える。だからこそ船長には、進路を決めて乗員に方向感を与え、各自が持ち場で力を最大限に出せるような手腕が求められる。

ただし、変化が重要だからと、これまでにない新しい施策を打ち出したとしても（前述の「リーダーシップ」の役割）、その施策が実行されているかをチェックし、未達なら必要な打ち手を講じなければ、PDCAの後半であるCとAまでをきっちり回しきれず、企画倒れとなるケースも多い。これは「マネジメント」の役割が果たされていない状態である。言い換えると、リーダーとマネジャーが明確に異なり別々にその任にあたるわけではなく、リーダーシップとマネジメントの両方の役割がこなせないと、結果につながらないということである。筆者は、マネジメントとリーダーシップの両方を行使し、結果を出す管理職が発揮する手腕の様を「マネジャーシップ」としている。なお経営学者ミンツバーグ（H.Mintzberg）は、「リーダーとマネジャーを分けることに意味はない、リーダーシップはマネジメントの一部」としている（『マネジャーの実像』）。

3．マネジャーは会社が決め、リーダーは周囲が認める

　会社法の概念をもとに、職務としての管理職について、社長から役員へ、

さらに部長へ課長へと職務が委託されるものであると前述した。これは会社が、部長、課長という職務をだれに委託するかを定めるプロセスであり、それが人事発令として、「山田〇〇を△△課長に任ずる」と公表されることとなる。このように会社は、（上から）だれがどの管理職ポストに就くか、マネジャーはだれかを決める。しかしながら、部下には上司を決める権限はない。

ところで管理職のポストに就いた人であれば、だれでも「リーダー」となるのだろうか。優れた手腕を発揮していれば、リーダーとして認められ、そうでなければ、ダメ管理職とみなされるが、優れた手腕を発揮しているか否かに気づけるのは、その管理職と一緒に仕事をしている上司、同僚、部下であり、なかでも、接する頻度のもっとも高い部下たちである。

リーダーとは、「マネジャーシップを発揮している」管理職となるが、それは具体的にはどのようなものだろうか。図表1-4は、管理職研修時に受講者（管理職）が、それまで経験した「良い上司」と「悪い上司」を整理し

図表1-4　良い上司と悪い上司

	良い上司	悪い上司
情報と知恵を使い、判断し物事を処理する（アタマの使い方）	・指示が具体的、論理的で明快 ・戦略がぶれず一貫している ・決断力、決定力がある ・ビジョン、夢が語れる ・一つ上のポジションの目線で考える	・方針、指示がぶれる ・状況に応じて言うことが変わる ・細かいこと、悪いこと、できていないことにフォーカスする
部下をケアし、信頼関係や職場環境をつくる（人、組織の用い方）	・社内調整できる ・信用して仕事を任せる（が責任はとる） ・ちゃんと評価してくれる ・相談にいくと仕事のヒントをくれたり、気づかせてくれる ・話を聞いてくれる、共感してくれる、笑顔にさせてくれる	・パワハラ、ポジションパワーを振りかざす ・部下を信用してくれない ・部下の状況を理解しない ・仲良しグループでかたまる
物事に対する基本的な姿勢	・部下がミスした際に、自分の責任として助けてくれる ・厳しさがある ・パワーがある、存在感がある ・信頼できる ・救世主的存在	・責任をとらない、逃げる ・陰口を言う

た例である。良い上司は情報と知恵を使って部下に方向性を示し、部下を理解してより良い仕事ができるような環境をつくり上げている。そして責任を負ってくれると認識されていることから信頼され、良いリーダーシップを発揮するリーダーとして、その存在を認められている。一方、悪い上司は部下たちからすると「なぜこの人を会社は管理職として任命しているのか。リーダーとしては認めたくない」というのが本音だ。

3. 管理者としての階段を上がる

　リーダーとして認められるためには、良い模範（上司・先輩など）から学び、自分の経験を振り返り、優れたマネジャーとしての「型」を意識してつくり上げ、求められる役割の変化に対応して管理者としての階段を上がっていくことが不可欠である。なお本書では、管理職として任命され、リーダーシップを発揮しつつ組織と人を管理する人を「管理者」として記している。

1. 型を学ぶ
　管理職に就くことはゴールではなく、始まりにすぎない。良いリーダーシップを発揮して、優れた管理職として成長していくことがゴールである。
　マネジャーとして良い実績をあげたい、あるいは上司や部下から「優れたマネジャー」として認められたいという思いから「すごいマネジャーはここが違う」などと帯がついた啓蒙書を読む方も多いようだが、それでは自分の手の届きそうにない、すごいリーダー像を思い描いてしまうこともある。また、欧米IT会社の著名CEOの優れた力を描いた書籍などは、読後に「すごいな」という刺激を与えてはくれるが、自分のおかれた職場や組織で模範とするには少し遠すぎる。自身の最終ゴールが、いつかそのようなすごいリーダーになることであっても、まずは「基本」を身につけることが大切だ。
　能や歌舞伎の世界、あるいは柔道や剣道では、初心者から師匠・師範へと熟達していく過程を「守破離」と表わす。まずは基本の型を覚え、一定レベ

ルの動きや演技ができて一人立ちできるレベルとなるのが、型を「守る」段階。次に、この基本の型を超えようとチャレンジし、自らの形をつくる「破る」段階。そして師匠や師範の型を自分の中で完全に消化したうえで新たな自分の型をつくり上げて「離れる」段階を経て進化していく。

「型破り」という表現は、いままでにない発想や将来性を予感させるポテンシャルをもつ人、あるいはそのような言動を意味する肯定的な表現である。一方、自己流で思いついたままに振る舞い、無残な様を「形なし」という。「型破り」も「形なし」も、いままでにないという点では同じようにみえる。しかし前者は基本をマスターしたうえでの独自性であるため、プレッシャーがかかるむずかしい場面でも、それを乗り切る力量が備わっている。これに対し後者の「形なし」は、まぐれでうまくいくことはあるかもしれないが、その技・行動のレベルは安定せず、再現性はない。

「破る」段階となる前に、まずは「守る」ことが重要なのである。しばしば引用される世阿弥の『風姿花伝　物学条々』では「物まねの品々、筆に尽くしがたし。さりながら、この道の肝要なれば、その品々を、いかにもいかにもたしなむべし」（『風姿花伝・三道』竹本幹夫訳）と、まねて学ぶことの大切さを記している。また、「ノーベル賞受賞者は、若き日にノーベル賞クラスの指導教官から眼力や研究の進め方を学ぶとしている」とは社会学者のズッカーマン（H.Zuckerman）の言葉である（『認知心理学５─学習と発達』波多野詮余夫編）。

では、マネジャーの基本としての「守る型」とは、何だろうか。欧米のカリスマ的なリーダーでは遠すぎるが、日本のカリスマ経営者だと少しは文化的な背景も似てくるので近そうに感じる。筆者はいくつかの企業で役員候補アセスメントを行ない、部長、本部長クラスを対象にインタビューをしているが、その経験から、日本企業において優れていると評価できるマネジャーは、金融機関と製造業では、まったく同じ「型」ではないことがわかってきた。同じ製造業でも電機メーカーと化学メーカーではどこか異なる。

社会人類学者のレヴィ＝ストロース（C.Lévi-Strauss）は「人間の行動は、性格や個人の特性とおかれた環境の２つの要因により決定づけられる」としているが、業界が異なると、その企業がおかれている競争環境や市場環

境といった外部環境の違いにより、マネジャーの行動に変化が生まれる。つまり、同じ芸能の世界でも能と歌舞伎で異なるように、ビジネスの世界でも業種や業界が違うと、学ぶべき型が異なるのだ。また、会社ごとでおかれている環境は千差万別で、さらに会社の中でも営業や開発、人事など部門が変われば環境も同じではない。このように考えると、一番の手本となりそうな型は、自分と同じ環境におかれているマネジャーがもつものであり、手っ取り早いのは、同じ職場や近い職場にいる上司・先輩管理職になる。

　ある企業の役員・上級管理職クラス約30人に、自身がどのような経験を通じて成長してきたかを調査した際、「手本」として同じ会社(含む海外等グループ会社)の先輩社員をあげた人が8割いた。そしてその手本を大きく分けると、仕事が一人でこなせるようになる一人立ち段階、組織を束ねる管理者・リーダーとなった段階、大きな組織を統括する上級管理職・経営幹部となった段階で異なり、自分の役割と同じか一つ上の人の言動としていた。

　たとえば、一人立ち段階のころでは、そばにいる係長から仕事の基礎についてを、管理者になったときは上司である部長から人を動かす発想やそのベースとなる信念の必要性を、経営幹部としては社長や役員から経営的なものの見方や組織内力学の使い方など、役割や段階で本人が遭遇する課題に応じて良い手本を求め、学んでいた。そのうえで、いまの自分は何ができていて、何ができていないのか、あるいは自己を振り返り今後はどう行動すべきか、方向性を考えているのだ。具体的には、先輩の○○さんが常々「先をみて仕事をしろ。でも一歩先だと人はついてこないから、半歩先ぐらいがいい」と言っていたなら、いま自分がおかれているこの場面で、自分のこの行動は一歩先なのか、それとも半歩先なのかを振り返るのである。

　人のもつ能力について、心理学者バンデューラ(A.Bandura)は、先天的な能力もあるが、「社会的に学習されたもの」もあり、人間は周囲から学び育つとして、「社会的学習論」を唱えている。そこでいわれている基本能力は次のとおりである。

◆表象化・抽象化能力…物事を抽象化して、言葉やイメージで表わす力。言葉やイメージにすることが理解したことの表出や記憶の定着、他者への説明・意思疎通につながる

◆将来予期能力…過去の経験から規定されるだけでなく、将来の見通しや予期により自分を動機づけ、コントロールする力。「こうありたい」という将来像が、その実現につながる行動を生む
◆代理経験能力…他者の行動や状況を観察し、そこから学び自身にあてはめて行動する力。自らが試行錯誤する労力を省ける、また経験のない場合の手本とする
◆自己統制能力…自分の中に基準をつくり自己制御し、基準に照らし合わせて自分の行動を自己評価し、修正しながら行動を続ける力
◆自己省察能力…自分の経験を分析的に振り返り、思考過程を振り返る力。自身の経験や行為を振り返ることで、自分自身と環境に対する理解を深める、あるいは変容する力

　他者を手本にすることは、上記の代理経験能力にあたる。

　「手本を自社の上司たちの中に求めろ」といわれても、「そばに良い手本がいない」と思われるかもしれない。しかし良い手本にはならなくても、「こうなってはいけない"反面教師"としての型」を提供してくれる手本はみつけられるだろう。また、自分自身の行動を振り返ることで得られるものもあるはずだ。

　「経験学習理論」を唱えたコルブ（D.A.Kolb）は、人は実際に行動して（具体的経験：CE）、その行動からどのような意味があるかを振り返り（内省的な観察：RO）、その振り返りから自分のスキルとして意味づけし（抽象的概念の形成と一般化：AC）、別の場面で応用して試す（新しい状況への応用：AE）というプロセスを通じて能力を獲得するとしている（**図表1－5**）。この学習方法を適用してみよう。

　マネジャーとして正式に部下を統括、指導し、人事評価するという役割に就く前に、権限はないものの後輩たちの指導や助言をした経験、いろいろな部署の人とチームを組みプロジェクトを行なった経験は、だれしもあるはずだ。その経験を振り返り、うまく統率できたときと、そうでなかったときに、それらがどんな状態だったか、自分はどういう思いで他者や後輩たちに接していたか、うまく統率できたときは自身がどういう行動をとれていたのかを整理し、いまの状況に当てはめてみたい。

図表1－5　コルブの経験学習理論
【経験を通じた知識・スキルの獲得】

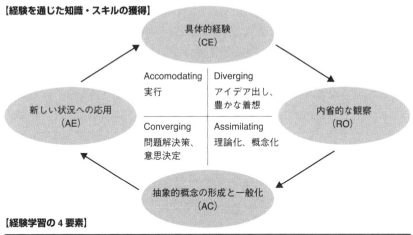

【経験学習の4要素】

具体的経験 CE	新しい経験に、完全に、オープンに、偏向バイアスなく、向き合う
内省的な観察 RO	いろいろな観点から、経験を観察し、省察する
抽象的概念の形成と一般化 AC	観察したものを論理的に統合できる概念・コンセプトをつくり上げる
新しい状況への応用 AE	意思決定、問題解決のためにコンセプト、諸理論を使いこなす

　会社や業界、営業や研究開発などの職務あるいは職種の特性により、良い管理職の形は異なる。とはいえ、管理職として押さえておきたい基本の型はある。人と組織のマネジメントにおける基本の型は第2章以降で詳述する。

2. 部下を動かすことで成果をあげる

　直属の部下をもつ第一線管理者の場合、その肩書きは「○○課長」「△△マネジャー」であろう。この課長の上には、部長職、さらに上には、一つの機能全体の長である本部長など、管理者の階段が社長まで続く。

　第一線管理者と、それまでの役割との一番の違いは、プレイヤーであることをやめてマネジャーあるいは管理者として複数の部下を統率し、組織やチームとして成果を出すことである。自分がやったほうが早いと自らタスクをこなすのではなく、部下にやらせることになる。そのため、部下にその意義を理解させ、どのように進めるかをイメージさせたうえで具体的に段取りをつけさせ、その結果を部下が報告するのを待つ。

仕事の進め方の段取りについては、自分は何度もこなしているので、どこがポイントとなるかは明らかで、それゆえ、何が問題となりそうかも勘が働き、その打ち手もイメージできる。ところが、部下にやらせるとなると、自身がまず不安になる。できるだろうと任せているが、「本当に大丈夫か。どんな段取りをしているのか」を聞いても明瞭な答えがなく、どうもいきあたりばったりでやろうとしているように思える。だれが一番のキーマンなのかと聞くと、自分の見立てと違う名前をあげてくる。週次会議では「うまく進めています」と発表しているが、席に呼んで確認するとどうも違う。あげく、「これでは課としての目標値に届かない。ならば、立て直しに入るか」と自ら現場に立ち、「今度から、この件については私が直接、先方に話を入れて進める。君はそれをみていなさい」と、プレイヤーに戻ってしまう。
　プレイヤーとして優秀であったからこそ、昇進して第一線管理者・マネジャーになるのが常である。プレイヤーを指導するのに、無能なプレイヤーだった人が上司・管理者となったとして、その言葉に説得力がないのは明らかで、それでは管理者自身も自信をもって指導にあたれない。継続して高い目標を達成したり、むずかしい課題・状況をハンドルした優秀なプレイヤーであるがゆえに、そのノウハウを伝授することで部下も成果をあげる可能性が高くなるはずであり、それを期待して会社は管理者に引き上げる。
　ところが、このプレイヤーとしての優秀さがあだとなり、あれこれ指示をしても部下が要領を得ず、なかなか期待した出来映えにならないと、管理者だけが苛立ち、「私だったらこうするのに」という言葉を発しがちだ。このような上司からの指導は、部下には、「おまえ（部下）のやり方は、ここができていない」「なぜ、私のようにできないのか」と受けとめられてしまう。上司の言葉には、上司と部下のどちらが有能かの対比が含まれ、それも競うように上司に対比されては、部下はたまらないだろう。
　あるいは、部下たちの間に生じる確執などの面倒な話に立ち入りたくないために、「チーム内の人間関係はどうでもよくて、結果を出すのがマネジャーである私のミッションだ」と考える管理者も見受けられる。こうなると、「部下の心を掌握して、部下を通じて組織成果をあげる」管理者の役割は果たせない。

第一線管理者の仕事は、他者を管理することである。この役割変化に応じて、「部下の彼ら彼女らが成果を出すようにすることが、自分の仕事だ」と価値観を変化させる必要がある。

3.昇進にともなう課題と役割の変化

　社会人としてのキャリア全体を俯瞰すると、より高い次元の行動をとること（行動の発達）が組織内役割とあいまって求められるようになる一方で、自らの手を下して一つのことにかけられる時間はどんどん小さくなる（**図表4-2参照**）。そして組織内で一段、階層を上がる際には、それまでとは仕事のやり方を変えなければ対応できないことから、次の3点が課題となる。

◆従前の階層の仕事の仕方のままでは、掌握範囲の急拡大に対応できない（時間が足りなくなり、非効率／雑になる）

◆従前の階層で自分が中心に担っていた仕事を後進に譲らなければ、新しい領域を勉強し自分のものとして吸収する時間が足りなくなる

◆組織の階層を上がれば上がるほど、人柄やものの考え方だけでなく、最終的に結果や業績が出せるかが問われる。具体的な業績や手応え感のようなものを組織メンバーに体感させなければ、人がついてこない（第4章3節参照）

　加えて、組織内の役割が大きくなると（昇進すると）、以下の4つの変化が生じてくる。プレイヤーから第一線管理職になる際に、特にその変化を鮮明に感じるが、役割が大きくなるにつれ、変化も大きくなっていく。

❶視野と視点が高く、広くなる

　昇進にともないカバーする職域が広がる。たとえば、いままでは5人のチームのリーダーだったのが、昇進して3つのチームを統括する課のマネジャーになったとしよう。いままでより統括するチームが増えれば、新たなチームの専門的あるいはビジネスについての知識やノウハウを理解する必要がある。そのすべてを深く理解できれば理想的だが、実際には無理なので、特にポイントとなる点を早く掴むことが必要となる。そうでなければ、そのチームが抱える問題を解決するための手立てについて意思決定できなくなる。また、以前はチームの観点から意思決定すればよかったが、3チーム全

体での整合性、課さらには部としての方針の観点など、より高い視点からの判断が求められる。さらに、さまざまな問題がある中でも、テーマによっては焦点を合わせて深掘りすることなども求められる。

❷複雑であいまいな要素の意思決定が求められる

　下が判断できないことが、マネジャーのところに上がってくる。たとえば第一線のスタッフが判断に悩みチームのリーダーに決裁を仰ぐ。チームリーダーは決められないためその上司の課長に判断を仰ぐというように、だれかが判断し意思決定されるまでエスカレーションされる。マネジャーのもとには部下が決められないことが集まるのだ。意思決定のポイントが明瞭で判断できれば下位者でも決められるが、複雑であいまいであるがゆえ、上へと意思決定が委ねられ、マネジャーとしてその都度、判断が求められる。

　しかし、自分以外でも判断できる人や仕組みがあれば、どうだろうか。判断できる部下がいるほど、そのテーマは乗り越えやすくなる。つまり、権限を委譲して任せられる人材を見出し、その人材のもとにチームをつくり、チームが達成すべき目標とその目標の達成・進捗をはかる指標をセットし、チーム目標を各人に振り分け、各人がハンドルできるようにすることで、複雑な問題も処理できるようにする。

❸手ごわい相手が増える

　昇進して周りを見回すと、横にいるのは仕事ができることから昇進したマネジャーたちだ。アピールが巧みで、負けたくないという意識も強く、進んで協力するというよりは自分の要求を相手に呑ませたい、というのが基本スタンスだ。

　昇進前は、同僚とは同じチームゆえに協力することが是とされていたが、他組織のマネジャーたちとは、競う、あるいは右手で握手し左手で殴り合うような関係も生まれる。そのような中で、相手に対する影響力をどのように高めるか。状況によっては、上司の上司や社内外で影響力をもつ人を担ぎ出すなど政治力を使うことも必要となる。また、だれと協働し、仲間となるか、日ごろからその信頼関係を意識してつくり上げることも求められる。

　昇進して組織の階層を上がると、役員や本部長などの上級幹部層との距離も近くなる。おおむね、組織の上にいるリーダーたちほど勢力的で、部下へ

の期待水準も高く要求も厳しくなる。このようなリーダーたちと接する機会が増え、その要求に応える必要も増える。

❹部下や現場と十分かつ正確に意思疎通する

　情報は、直接ではなく、だれかのフィルターを通して加工され、マネジャーのもとに入ってくるようになる。そのため、信頼できる情報ソースをもつ必要がある。正しく率直に情報を上げるタイプの人材もいれば、しばらく様子をみてからと放置したり、会社がなんとかすべきと常に「問題です」と提起するなど、人により癖がある。また、社内の視点よりもお客様や関係先の声、情報が正しいこともある。だからこそ、マネジャーとなり第一線から距離が生じても、それをカバーしうるような情報収集の方法とルートを確保する必要があるのだ。「だれからなら、もっとも信頼できる話が聞けるか」「その話をチェックするなら、だれに情報を求めたり意見を聞くべきか」を押さえ、現場で何が起こっているかを正しく把握できるようにする。

　情報の収集だけでなく、伝達についても、いままでは直接、一人ひとりの部下と話ができたが、多数の部下と話をし、伝えることが役割となる。そのため、定期的なチーム単位会議によるコミュニケーションや、メールを用いて全員に一斉に情報を発信するなどの工夫がいる。言葉は、自分の分身である。その場に自分がいなくても、迷った際に部下が意思決定のよすがとできるメッセージを発する必要がある。たとえば、営業チームのメンバーが、新規顧客開拓のために経費をかけてでも自社製品セミナーや接待を行なうべきか、それとも顧客訪問の件数を増やして営業の効率と生産性を上げるべきかに悩んでいたとしよう。「今期は規模・売上を求めるよりは利益を出すことに優先順位をおく」というメッセージが事前に発信されていれば、セミナーや接待よりは、生産性を向上すべきとの判断ができる。

4. 優れたマネジャーの行動特性（コンピテンシーモデル）

　上記のような昇進にともなう課題と変化に対応できれば、マネジャーとし

てうまくやっていけるはずである。優れたマネジャーは、これらを克服して成果をあげ、人と組織を強くしている。では、成果をあげているマネジャーはどのように優れているのだろうか。その共通する「型」を探ってみたい。

図表1－4で「良い上司」と「悪い上司」の対比を示したが、比べてみると、具体的に、どこが良いのか、そうでないのかがわかりやすい。この発想をベースとするのが、良い仕事をして業績をあげている人とそうでない人の違いをもたらす行動特性、つまり有能な行動ぶりとは何かを整理したコンピテンシーモデルである。

1．コンピテンシーとは

「有能な」を英語ではCompetentという。その反対語のIncompetentは、「できない」とか「使えない」を意味する。能力を表わすことばにCapableがあるが、こちらは潜在能力を含めて使う場合が多い。Ableは、手堅くはっきりと100パーセントできることを示す言葉であること、また逆のDisableの名詞であるDisabilityは身体障害として定着していることなどにより、有能さとしてCompetentが使われるようになった。1970年代には教育心理学の領域で子どもの知的能力を知的コンピテンス、子ども集団の中でうまく行動する能力を社会的コンピテンスとして使っている。

時期としてはやはり70年代になるが、成人の人事領域でコンピテンシーの概念を用いるようになったのが心理学者マクレランド（D.C.McClelland）とされている。マクレランドはモチベーション（動機）について研究を進め、動機理論をつくり上げている。動機理論とは、無意識のうちにある行動を起こさせる欲求を動機とし、それを、達成動機（物事を達成することにわくわくする）、親和動機（良い人間関係を築き保とうとする）、パワー動機（社会や相手にインパクトをもたらす）の3つに分類した。この3つの動機は人により強弱があり（たとえば達成動機は強いが、親和動機は弱い）、それがその人の行動特性のベースになるというものである（図表1－6）。

このマクレランドに、アメリカ国務省が、それまでの外交官の選考方法が妥当か調査してほしいという依頼をした。マクレランドは、活躍する外交官（正確にはForeign Service Information Officerと呼ばれる情報サービス専門

官）を調査して、優れた外交官とそうでない外交官を分ける要因が、学歴、アメリカや赴任先国の歴史あるいは文化の違い、英語力などの知的能力にあるのではなく、①他文化に対する理解力と受容力、②前向きな期待を寄せて相手に接する力、③政治的人脈の把握力であることを明らかにし、「Testing for competence rather than for "intelligence"」と題する論文を1973年に発表した。

当時、アメリカはベトナム戦争を戦い、資本主義国の西側を代表して、ソ連をはじめとする社会主義国の東側国家と対立し、世界各国が西か東、どちら側につくかの覇権争いの時代でもあった。そのような時勢の中で、アメリカのファンを増やす、あるいはアメリカの政策についての理解を深めてもらい、サポーターを増やすのが、外交官の仕事である。赴任したアジアなどの国において、その国の文化を理解しつつ、親米派の有力者を見出し育てられるかが、有能であるか否かを分けた。それが、上述の3つの特性となっていたのだ。これをきっかけに、人の能力を測るアセスメントや評価の領域でコ

図表1－6　マクレランドの動機理論

　人の「動機」（やりたいこと）にはいくつかのタイプがあり、それへの「期待」（やりたいことが成功する確率）が高く、同時にその「価値」（やりたいことの意義）が認められるときに、もっとも「行動への衝動」が高まる。
　動機　×　期待　×　価値　＝　行動への衝動
　実際の「行動」の結果をどのように認識するかによって、もともとの「動機」の強さは影響を受ける。

動機－行動連鎖モデル

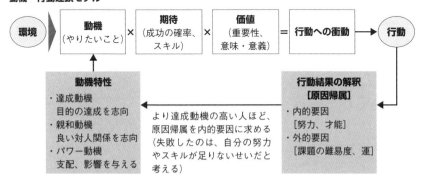

出所：宮本美沙子、奈須正裕編『達成動機の理論と展開』をもとに作成

ンピテンシーという言葉（概念）が使われるようになった。

その後、90年代前半のアメリカでは、組織のフラット化や業務プロセスの簡素化などにより、業績に応じて報酬を厚くするPay for performanceへと人事処遇の転換が進み、人事評価や人材選考の領域で「コンピテンシー」が再燃した。業績をあげる過程やプロセスで優れたコンピテンシーを発揮しているか否かを評価しようとしたからだ。日本では、アメリカにやや遅れて90年代後半から企業の人事評価や育成、採用などの基準としてコンピテンシーという言葉が使われ始めた。

マクレランドのコンピテンシー理論は、その後継者らの貢献により80年代以降に進化した。マクレランド自身はコンサルティング会社をつくり社長を務めたが、彼の後継者のボヤティツ（R.Boyatzis）は、2000人のマネジャーを分析して、優れたマネジャーの行動特性として19の要素を見出した。その行動特性の調査・整理を進化させたのがスペンサー夫妻（Lyle M. Spencer, Signe M. Spencer）である。スペンサーらは「コンピテンシーとは、ある職務、もしくはある状況において、卓越した業績を生む、個人の根源的特性」としており、根源的特性を次の5種類に分類した。

◆動機（Motive）…無意識のうちに抱く興味や欲求で、行動を引き起こすもの。動機が、特定の行動、目標や回避を駆り立て、方向づけ、選ぶ
◆個人的特性、性格的特性（Traits）…フィジカル（身体的）な特色で状況や情報に対して示す一貫性のある（一定の特性ある）反応
◆自己概念（Self-Concept）…価値があるとみなすものや自己イメージ像
◆知識（Knowledge）…人がもつ諸領域についての特定の内容
◆スキル（Skill）…行動的な、あるいはメンタルなタスクをこなす能力

個人の心理的特性を氷山にたとえて図示すると、他の人からも観察しやすいものが水面上部の知識とスキル、水面下にあるのが動機、個人的特性、自己概念となる（**図表１-７**）。

コンピテンシーは、これら根源的特性が統合されて行動として顕現される。それぞれがどのように統合されているかのイメージ図が**図表１-８**である。すべてが連鎖しているところがポイントである。

熱い思いを抱き高い目標を超えようという動機を強くもっていても、その

図表1－7 「人」についての氷山モデル

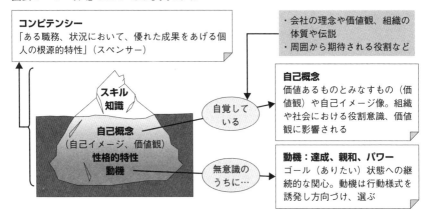

コンピテンシー
「ある職務、状況において、優れた成果をあげる個人の根源的特性」（スペンサー）

・会社の理念や価値観、組織の体質や伝説
・周囲から期待される役割など

自己概念
価値あるものとみなすもの（価値観）や自己イメージ像。組織や社会における役割意識、価値観に影響される

動機：達成、親和、パワー
ゴール（ありたい）状態への継続的な関心。動機は行動様式を誘発し方向づけ、選ぶ

図表1－8 動機とコンピテンシー

動機、自己概念と知識・スキルの連鎖 ― 行動に示された特性としてのコンピテンシー

動機 Motive	＋ 価値観 Value	＋ 知識・スキル Knowledge、skill	➡ 行動特性 （コンピテンシー） Competency
「基準を超えたい、凌ぎたい」 （達成動機）	「No.1たれ」	・これまでの目標とその達成方法、結果についての理解 ・目標達成方法を組み立てるスキル	◆自ら、さらに高い目標を立てて、その達成のためにさまざまな手を打つ （達成志向性）
「（あの人と）より良好な関係でいたい」 （親和動機）	「信頼されるパートナー」	・お客様についての知識 ・自社サービスの知識	◆お客様に対してニーズに合ったおもてなしサービスをする （顧客志向性）
「相手に影響を与えたい」 （パワー動機）	「一目おかれる存在たるべし」	・グラフなどを含めて、論理的にインパクトある説明資料をつくるスキル、相手の特性 ・自組織のおかれている環境、めざすべき方向性に関する知識、メンバーのこれまでの反応	◆グラフや絵を使って、相手を説得する （対人影響力） ◆チームメンバーに方向性を示し、賛同するように納得を促す （チーム・リーダーシップ）

第1章◆管理職とは...39

達成方策についての知識やスキルがなければ、実際の打ち手などの行動には結びつかない。また、知識やスキルがいくらあっても、それを使って何かを成し遂げようという動機がなければ、行動は生まれないことが読みとれる。

「〜したい」という動機、あるいは、「〜する必要がある」という価値観は、ともに自分の行動を方向づける「意図」をもつことと言い換えられる。この意図があれば、次には、それをかなえる行動やアクションにつなげられそうな「機会」あるいは「場面」を自らつくり、アクションを起こし、その結果を得るというプロセスが導き出される。

たとえば、サッカーのフォワードは、ゴールし得点をあげるという意図のもと、ゴール前でパスなどがもらえそうな位置に自らを置き（機会・場面づくり）、そしてボールがきたらそれを蹴り込み（アクション）、首尾よくゴールネットを揺らして得点につなげる（結果）。ゴールできないフォワードの「ボールがこなかった（機会がなかった）」は言い訳にすぎない。そういう場所や位置を選ぶことがフォワードとしての技量であり、コンピテンシーでもあるのだ。受け身の姿勢で「能力を発揮する機会がなかった」というのは、コンピテンシーの概念からすると「機会をつくるというコンピテンシーを発揮できなかった」となる。**図表１－９**は、その連鎖のイメージである。

なお、日本企業では長らく人事制度の根幹として職能資格制度における「職能」を取り入れている。職能とは何かについて、その起源ともいえる昭和43年（1968）の『日経連能力主義管理研究会報告』では、能力とは「企業における構成員として、企業目的のために貢献する職務遂行能力であり、業

図表１－９　コンピテンシー行動のプロセス

意図	機会・場面	アクション	結果
「〜したい」「〜でありたい」「〜を狙いたい」「〜する必要がある」「〜しなければならない」などの心理的トリガーを得て	「〜の場面で」「〜について」「〜に対して」アクションを起こしうる機会、場面をつくり	その行動を実際に起こし、行動化し	「成果をつかむ」「満足する」、あるいは「成果が出るまで執着する」
	気がつき、	腰を上げ、	執着する

績として顕現化されなければならない。能力は職務に対応して要求される個別的なものであるが、それは一般的には体力・適性・知識・経験・性格・意欲の要素からなりたつ。それらはいずれも量・質ともに努力・環境により変化する性質をもつ。開発の可能性をもつとともに退歩のおそれも有し、流動的、相対的なもの」と定義している。この職能とコンピテンシーを対比すると、いずれも職務に対応して要求されるものとしている点、構成要素について知識・性格・意欲などをあげている点が類似している。一方で職能は「〜できる」という保有能力と可能性をみており、コンピテンシーは「〜している」という発揮された能力をとらえている点が異なる。

2．マネジャーのコンピテンシーとは

　図表1－4の「良い上司」と「悪い上司」は、領域としては「頭の使い方」「人や組織の用い方」「姿勢とマインド」として整理したもので、かなり単純な切り口になっているが、もっと多様な側面に分類できるはずである。
　コンピテンシーが、70年代のアメリカの外交・国際状況を踏まえた、優れたアメリカ外交官の備える特性であったように、優れたマネジャーのとる行動特性（コンピテンシー）は、どのような状況であれ汎用的に通用するもの、同じものという着想ではない。つまり、第一線マネジャー（課長など）、中間（部長など）、経営レベル（本部長、事業部長など）と役割が異なると求められるコンピテンシーも異なり、また営業、開発、人事などの職種などによる違いもある。ただしそれは、すべての要素がまったく異なるほどの違いではない。
　参考として、職種によらず、第一線管理者として組織を率いるマネジャーに求められるコンピテンシーの概要を示すと、以下のとおりである。マネジャーとして優れた成果をあげる段階に進むためにも不可欠な、基本のマネジメント行動は第2章以降で詳述する。その基本のマネジメント行動がとれれば、ここであげるマネジャーのコンピテンシーも発揮されるものである。
【第一線管理者の行動特性モデル】
〔自己のマネジメント〕
　◆共感…人の言葉や態度から、相手の考え方や気持ちを正しく理解する行

動。明確な意思表示からだけではなく、言動や態度を観察することにより、相手の本質的な欲求を察知する
◆セルフコントロール…ストレスの高い状況の中でも、感情的になったり、衝動的になったりすることを抑え、常に前向きで安定した行動を保とうとする行動
◆自信…自分の考えややり方に対して強い信念をもち、継続し、やり抜く行動。目標の達成についても自信をもつ。反対意見や批判が出ても、正しい限り、断固として自分の考えを押し通す

〔チームのマネジメント〕
◆育成力…部下の将来の成長を願い、教育の機会や場面を設け、手取り足取り育成する行動。相手の能力や技術を正確に把握し、相手が必要としている教育を行なう
◆責任感醸成力…業務の目的や方向性を示し、周囲の人に業績実現の基準を確実に理解させる行動
◆チームリーダーシップ…独自の組織方針を打ち出し、それを部下に浸透させ動機づける行動。自ら率先垂範し、チームを率いていくだけではなく、自分が不在のときでも、チーム全体を自分の方針にもとづき行動させる

〔仕事のマネジメント〕
◆達成志向性…目標必達、超過に対する意欲。目標の達成に強く執着心をもって取り組む。高い水準の目標を設定する。また、目標を達成した後も、さらに高い水準の結果をめざす（向上心＋執着心）
◆イニシアティブ…将来起こるであろうチャンスを予測し、いまから打てる対策を明確にして実行する行動。問題が発生してから行動するだけでなく、顧客のニーズや市場の変化を分析し、将来のチャンスや問題を先取りする
◆問題解決力…最良の結果を得るために問題を見極め、複数の解決策を分析・検討する

〔協調的マネジメント〕
◆対人影響力…他者へ対する影響力・説得力の強さ。自分の意図を的確に伝え、その結果、自分の思惑どおりに他者を動かし、目標を達成する（説得

の強さ＋方法の豊富さ）
◆チームワーク醸成力…チームメンバー（グループ内、グループ間）が共働できる環境を整え、協力し合いながらチーム全体の目標を達成する行動。メンバーの能力を尊重し、積極的なコミュニケーションを通してその能力をチームのために発揮させようとする

5. 管理職の心構え

　優れた行動が、そのもとにある動機や価値観（信念）から生み出されるように、良い上司か悪い上司かを部下の側から判断するもっとも明瞭な基準が、その姿勢である。図表1－4の「悪い上司」の例にあるように、上司が人として信頼できるか、無責任で逃げるような人なのか、その姿勢を部下は敏感に察知する。管理職は、その組織の成果に責任をもち、また、与えられた経営資源、なかでもヒトに責任をもつ。この責任を果たすために、管理職としての覚悟が試されるような場合にどう振る舞うか、それを心構えとして述べたい。

1．難題こそ引き受ける
　まず、組織の成果に対する責任という点では、業務上やっかいなのが、「例外」である。たとえば、通常の範囲を超えたテーマや課題に対応しなければならないむずかしい場面で、その場からすーっといなくなる上司がいるとしたら、それは責任逃れと周囲の目には映るだろう。
　かつて戦国時代には、先陣をきって相手に攻め込むことが武士の誉れとされたが、もっとも大変なのが、戦に負けて撤退するときに最後尾を守る役割の「殿(しんがり)」である。先に大将を逃げさせて、追ってくる敵とまみえる殿は、ここが崩れると士気が衰え、敗走する他の兵たちが次々と討たれることになる。このような大変な位置づけで、その部隊に責任をもっていることは、武芸に優れ、またその人格・器量への信頼が厚いことを意味する。

企業においても、大変な仕事を進んで引き受ける人ほど、責任があり頼もしい存在である。職場では、すでに決められた方法で部下が仕事をこなすことで効率良く仕事が進む。しかし、その方法では解決できないような課題が起きたり、あるいは、いままでの想定の範囲を超える課題や業務対象の範囲の外にある課題を解決してほしいという要請も生じうる。これらが職場での大変な仕事であり、いわゆる例外への対応である（マクレランドの動機理論では、むずかしい課題にチャレンジする達成動機に火がついて行動が起きる局面である）。

　いままでの方法では解決できない課題について部下が上司に相談したときに、上司が「いままでにやったことがない」「過去に失敗した」という理由で、その課題への対応をしりぞけたら、部下はがっかりするだろう。それは、慣例やできない理由をあげて、真摯にその問題に向き合うことから逃げているように感じるからだ。

　「その課題に対応しない」という同じ結論であっても、「いま、そのむずかしい課題に時間と人をかけることよりも、ほかの〇〇の課題にリソースを投入したい。それゆえに、いまは対応しない」という説明があれば、部下としても理解し納得できる。違いは、その問題に向き合って、きちんと考えて意思決定しているかである。

　また、いままで解けなかった課題が解決できるか否かは、やってみなければわからない。諸条件がうまく重なり解決できるかもしれず、そうでないかもしれない。部下一人で悩むのでなく、他の人の知恵を集める、つまり衆知を集めることで、解決できることもある。また、衆知を集めても良い方法がないとしたら、それはできないことがはっきりすることであり、それ自体が意味をもつ。

　部下が相談するような事項とは、部下個人の興味関心というより、その組織における課題である。そのため、上司としては、自組織における課題を解決するために、何か良い方法がないか、他部署や他社や広く社会ではどうしているのか、意識して情報を集める必要がある。つまり、上司は部下よりも広い知見をもつために、だれよりも学び、担当領域、専門領域の知見を広げることを日ごろから心がけるべきである。

2．部下を活かす

　2014年に隣国のフェリーが沈没し、多数の死者が出るという痛ましい事件が起きた。その報道で多くの人の怒りがぶつけられたのが船長の行為である。沈没する船からまっ先に逃げ出し、それも船長と気づかれないように服を着替えて救出ボートに乗り難をのがれていた。

　タイタニック号が沈没したときに、船長は船と運命をともにした。船長とは、船が遭難したときは、全員を退避させるまで船に残ることが責務とされていたからだ。このような責任を担うことが船長に対する期待として社会的規範として存在するため、いっそう、件（くだん）の船長の行為は非難の対象となったといえる。

　戦国武将が戦に勝ったとしても、そのために配下の者たちが犠牲になるさまを「一将功なりて万骨枯る」という。現代の企業組織だと、部長が優れた業績をあげ、上からは褒めそやされたものの、疲弊しきった部下たちが複数いるといった状況である。一方で、戦に破れた武将が自らの首を差し出すことで、家臣たちの命を守ったという故事も多くある。たとえば秀吉の水責めにあった備中高松城主の清水宗治は、和睦の条件として切腹を要求され、自分の命と引き換えに城内の兵の命が助かるのならと、それを受け入れたという。

　自分よりも部下（相手）を活かすという行動は、マクレランドの動機理論では、パワー動機、それも、求められずとも相手を進んで助けようとする社会的パワー動機がベースとなる。そういうリーダーは、部下からは「救世主」、あるいは「部下のミスを自分の責任として、部下を助ける」良いリーダーとして映るだろう。

　人は、自分に便益を与えてくれる人とはその関係を維持し、また与えられたものに対するお返しをしようとする（社会的交換理論、報酬の返応といわれている）。上司からいつも叱られて、むしり取られるような思いをしていたなら、その部下は、できるかぎり上司を避けて、上司の指示から離れようとするだろう。これでは、仕事を与え、それをこなすという上司と部下の関係が壊れている状態である。上司から与えられた重荷と叱責に対して、部下

は離脱と悪口を返すのだ。
　困ったとき、大変なときに、わが身はあとにして、部下を優先してくれた上司へ、部下は感謝と尊敬を返してくれる。それは無償だが、上司にとってはかけがえのない報酬である。

第2章 組織成果を高める　マネジメント行動

管理職は「組織の成果」に責任をもつ。すなわち良い組織成果をあげることが、管理者として責任を果たしていることになる。良い成果とは、売上などの組織予算を超過達成することや、質的に優れた製品をタイムリーに開発することなど、その職務・役割に応じてさまざまだが、良い成果をあげる組織に共通する「組織体質」（その組織に属するメンバーが感じている職場の環境や雰囲気）には、一定の相関が見出されている。つまり、良い成果をあげる組織はあるパターンの組織体質を示すのだ。このことから、逆算的に「適切なマネジメント行動をとる→良い組織体質をつくる→良い組織成果をあげる」という方略が描ける。
　このマネジメント行動と、つくり上げるべき組織体質（感じている組織の状態）が次の6つである。

〔方向性を示し、役割分担を決めて仕事の進め方を決める〕
◆組織体質…方向の明確性（方向感）
◆状態…部下が何を期待されているかを認識しており、その期待が組織の方針や目標とどのように関連しているかを理解している

〔目標達成を促し成果にこだわる、基準を高める〕
◆組織体質…基準（目標感）
◆状態…業績の向上や個人がベストを尽くすことなどをマネジャーが重要視している。その目標は個人や組織にとって、困難ではあるが達成可能な内容である

〔機会と権限を与え、挑戦させる〕
◆組織体質…責任（責任感）
◆状態…社員に多くの権限が与えられている。社員は上司にすべてを承認してもらわなくても職務を遂行でき、結果についても自分が全責任をもっていると感じている

〔不要なルールをなくし創造性や革新性が発揮される職場へ進化させる〕
◆組織体質…柔軟性（自由度）
◆状態…部下が束縛感なく仕事を行なえると感じている。新しい考え方が受け入れられ、業務を遂行するにあたって障害となるような不必要な規則、手順、方針や業務が少ないと感じている

〔部下の力を認め、褒め、処遇する〕
◆組織体質…評価・処遇（公正感）
◆状態…社員が高い業績に対して正しく評価され、それぞれの評価に応じて直接的に処遇されていると感じている
〔チームで協力し、一人ではできないことをする〕
◆組織体質…チーム意識（一体感）
◆状態…社員がその組織のメンバーであることに誇りをもち、共通の目的に向かってお互いを信頼し、協力し合っている

以下では、どのように部下の意欲を引き出すか、動機づけについて織り込みながら、各マネジメント行動を詳しく説明する。

1.「方向感」を明瞭にする

　管理者としてとるべきマネジメント行動の第一は、自らが統括する組織に「方向感」をもたらすことである。多くの人が乗り込むバスにたとえると、行き先を示す行為である。行き先があるからこそ、人は進んでそのバスに乗るが、どこに向かっているかわからなければ、不安な思いを抱きながら、指示された日々のタスクをこなすことに汲々となる。

　そこで管理者は、組織の目的、すなわちこの組織は何をするために人が集まっているのか、たとえば「いままでにない製品を開発してお客様に喜びをもたらし、その新製品の売上により会社に貢献する」などを示し、組織の方向性を明確にする。また、そのバスが大型か小型か、シート数がどのくらいで、どんな人が乗るのか、だれがドライバーで、ガイドやケアする人などの役割があるのかなどが理解できれば、人は安心してバスに乗り込める。これらの点は、走り出す前の「前提を整える」行動でもある。

1．方向を示す

　方向感を整えるには、この組織がなぜ存在するのかを明らかにすることが

スタート地点となる。組織とは、「特定の目的を達成するために、諸個人および諸集団に専門分化された役割を与え、その活動を統合・調整する仕組み。または、そうして構成された集団の全体。また、それを組み立てること」(『大辞林』)である。つまり、「○○○のために」という、その組織が果たそうとする目的は何かを明らかにし、方向を示すのだ。

　この「目的を果たそうとすること」「目的の達成に向かって成し遂げようとすること」は、使命・ミッションという言葉に置き換えることができる。たとえば飲料メーカーのザ コカ・コーラ カンパニーは「世界中にさわやかさをお届けすること」「前向きでハッピーな気持ちを味わえるひとときをもたらすこと」「価値を生み出し前向きな変化をもたらすこと」をミッション(私たちの使命)としている。化粧品の資生堂のミッションは「私たちは、多くの人々との出会いを通じて、新しく深みのある価値を発見し、美しい生活文化を創造します」である。ともに、顧客そして社会に対して、自社がどのような価値をもたらそうと決意しているかが表わされている。

　公的な機関に目を向けると、国連は次の４つをあげている。

　「①国際平和・安全の維持、②諸国間の友好関係の発展、③経済的・社会的・文化的・人道的な国際問題の解決のため、および人権・基本的自由の助長のための国際協力。④これらの目的を達成するために、国連という組織が、世界各国の協調をリードする組織となること」

　個々のマネジャーが管理する組織は、会社の中のひとつにすぎないので、「全社ミッションの例をもち出されても…」と思われるかもしれない。しかし、会社全体のミッションを果たすために、一つひとつの組織が存在しているはずだ。自分の組織のミッションとは何かを定めるうえでは、会社全体のミッションが大きなベクトルとなるだろう。そして、それに合わせるように、「自分らしさ」「自分ならでは」の味つけをすることが、自身が束ねる組織のミッションとなる。

　筆者はこれまで、多くのリーダーの優れた行動ぶりについてインタビューをしてきたが、頼もしいリーダーの多くは、その行動の原点となり軸となるものに、自分でこうしたい、こうありたいという強い思いをもち、それを自身の使命、あるいは信条としている。たとえば、「悩みをもつ顧客のため

に」「世界で初めてを実現するために」などである。良いリーダーは「軸がぶれない」ことが、その特色のひとつでもある。

　自分の行動の軸を、自分一人のものではなく、メンバー全体にとっての行動の軸として、組織の目的へと昇華させること、それが組織の方向づけとなる。そしてそれは、組織メンバーの行動の軸をつくり出す。メンバーにとっても、ノルマを負わされ外発的に動機づけられるのではなく、大きな目的に向かって自分の行動を誘発する内発的動機づけをすることにつながるのだ。

　たとえば、食品会社の営業課長は、関東のある地区で5人の部下を抱え、その売上予算が10億円だとしよう。その組織のミッションを「売上目標の達成」とすると、部下一人ひとりにとっては「2億円の達成」がミッションとなる。数値目標の達成が至上命題となり、それが会社や上司から強く期待されプレッシャーとなる。達成できればうれしいが、未達だと無能扱いされるのではといった不安に苛まれる。また、達成できたとしても、それになんの意味があるのだろうと思うこともある。このような心理になると、お客様が自社製品をどう思っているか、お客様にはどんなニーズがあるのかなどは二の次で、「売りの数字をつくって、予算達成さえすればいいんでしょう」となる。そして、達成すべき売上目標数値は、多いほど、辛くしんどいものになる。

　では、組織のミッションが「他社にはない健康面に配慮された自社製品の製品価値を多くのお客様に認めてもらい、この製品を通じて、この地域で、より健康な生活を送れるお客様を増やす」ではどうだろう。このミッションに従って、自社製品の価値（良さ）をより多くのお客様にもたらすにはどういう工夫をしたらよいのだろうか、お客様には本当に自社製品の良さや価値を見出していただけているだろうか、改善すべきことはないだろうか、という前向きで発展的な行動になる。売上数値は、目的ではなく自社製品のファンの多さを示すバロメーターとなる。そのために意味づけも、多いほどうれしいとなる。

　「使命」について、その真摯さが印象に残る定義を語っていたのが作家の三浦綾子である。「使命というのは命を使うと書くでしょう。私は小説を書くことが自分の使命だと思っているので、死ぬまで小説を書き続けます。い

ま私は体を病んでいますから、小説を一冊書いたらクタクタになって、あ
あ、命を使ったなと実感するんです。けれども、小説を書くということは自
分にとって命を使うことで、それが使命なので、その使命を全うしたいと思
います」(「対談・人生の実力を養う」昇地三郎＆柏木哲夫(『致知』2008年
1月号))。

2. 役割を決める

　組織の方向づけができたら、次はそのメンバーに何を期待するのかを明確
にする。

　組織には、新人あるいは入社2〜3年めくらいの、指導を受けないと仕事
が進められない部下もいれば、自分と同程度かそれ以上の社会人経験を有
し、特定分野では自分より高い能力を備える部下もいるだろう。また、その
性格から、どんどん前に進めることが得意な部下もいれば、受け身だがむ
ずかしい課題をうまくこなしてくれる部下もいるだろう。このように経験や
能力、その得意・不得意が異なる部下たちに、一律に同じことを要請し期待
するのでは、それぞれの持ち味を活かせず、組織力は最大化できない。そこ
で、各人の持ち味（強みと弱み）を踏まえて、どこを守備位置とするか、組
織の中で役割を与え適材適所に配置することが必要になる。

　たとえば、シニアの部下社員には、組織目標を踏まえて本人に目標を課す
が、その達成の方法や具体的施策などは裁量を与えて任せる。本人の経験
が深い特定領域やテーマについては、他の部署が集う全社的会議に自分（管
理職）を代行して出席させる、組織内の他チームへの横串活動を依頼するな
ど、自組織を代表する役割を与えるのだ。

　一定の経験があり、仕事を回せる中堅クラスの部下には原則、自分でこな
すことを期待し、それが可能な領域を担当させる。ただし新しいことに取り
組む際は、何が課題となるか、どういう方向性で進めるかを上司と意識合わ
せしたうえで適宜、節目となるところで相談ミーティングを入れさせる。

　若手社員には、まずは手を動かして、仕事をしながら学び、自分のものに
してもらう。そのためには、新人・若手社員に対して「わからないのは当
然。質問して構わないから、一通りのことを覚えろ。失敗も構わない。ただ

し、教えられる特権をもてるのはいまだけ。次からは手取り足取り教えることはない」とあらかじめ伝える。

これらの役割は、組織としての目的を達成するという大きなベクトルに沿い、そのうえでどのように自分の力を活かすかという各人の意識にも合致していることが大原則である。

3．仕事の進め方の原則を決める

組織でめざすものが何かについて大きな方向性が定まり、また各人の役割に対する意識をそろえたら、次は仕事の進め方の原則を定める。各人が負う期待をどう満たすか、組織目標への貢献方法を決める作業である。ここでの原則は3つある。

まず1つめは、大きな方向性、すなわち組織の目的・ミッションに則って、具体的にこの1年間で何をすべきかを明確にすることである。自組織目標と、それを各人にブレークダウンした目標を設定するのだ。組織全体としての目標がクリアであっても、それが自分の目標として連鎖して初めて、組織と各人のベクトルが重なる。

このベクトル合わせのポイントは「組織の目的・ミッション→職務に求められる成果責任の明確化→成果責任の業績目標への落とし込み」である。組織の目的・ミッションとは、その組織の使命を何に向けるかであり、その使命を果たすこと、それが組織メンバーが担う職務の目的である。その目的のために、職務においてどのようなことに責任をもつのかを明確にする。

中期的（時間軸は2〜3年）に果たすべき責任は**図表2−1**のように整理できる。

数値等で表わされる直接的な成果責任としては、財務成果（Financial）、生産性などの業務成果（Operational）であり、間接的成果の領域では、さまざまな経営活動・マネジメントの企画を行なう戦略策定（Planning）、社内体制充実のための経営資源・組織体制の強化（Resources）、外部との関係強化（Teaming）、そして進化のためのイノベーション（Innovation）である。ここではそれぞれの頭文字をとり、順番は入れ替えてなじみある言葉のPROFITをあてている。

図表2-1 成果責任から業績目標へ

成果責任の領域

成果責任の領域は「PROFIT」でバランスよく考える

直接的成果
- 財務成果 Financial
- 業務成果 Operational

間接的成果
- 戦略・方針・計画の策定 Planning
- 経営資源・体制の強化 Resources
- 外部との関係強化 Teaming
- イノベーション Innovation

成果責任から業績目標へ

成果責任を踏まえた当期目標

◆目標は成果責任から導き出される
◆目標は、「当期、何をどれくらい達成すれば、成果責任を全うしたといえるか」を具体的に表現したもの

成果責任と目標との関係

職務の成果責任の明確化

	成果責任の領域（PROFIT）	業績目標
戦略策定 Planning	・経営計画の策定 ・事業戦略の立案	・20xx年の年次事業計画の策定
財務成果 Financial	・財務指標で表わされるもの（売上高、利益など）	・20xx年の売上予算yy億円の達成
業務成果 Operational	・生産性および効率指標で表わされるもの	・営業生産性としての1日当たり顧客訪問数目標の達成
イノベーション Innovation	・新製品・技術の開発 ・新しい販売手法の導入	・新販売手法zzの20xx年○月までの研修完了と導入実施
外部との関係強化 Teaming	・顧客との信頼関係構築 ・地域社会での地位確立	・主要顧客wwとの共同講演会の実施
経営資源・体制強化 Resources	・人材育成活動の実施 ・情報システムの整備	・営業塾（人材育成活動）の四半期ごと開催と、効果測定の実施

　成果責任は2～3年の中期的期間で負うべき職責であり、それを年次の数値目標や具体的活動に落とし込むと業績目標となる。

　原則の2つめは、メンバーの各人と組織が、この目標に沿って足並みをそろえて業務を進めているかを確認し、かつその行動強化の仕組みを定着させることである。具体的には、上位組織の方針や中期計画に沿って、組織と各人の年次の目標と達成計画を立てた後に、それを月次ごとにチェックし、うまく行なえている点と、改善点やリカバリーの打ち手が必要な点などを振り

返るPDCAの会議体を設定することだ。これにより、組織に仕事の仕方のリズムが生まれる。

またプランは立てて終わりではなく、それに沿って各人が歩み始めてこそ意味が生まれる。組織のプランをつくることは大事であり、それゆえに方向性が定まる。しかし、それに注力するあまりそこで息切れしてしまわずに、みなが歩み出す仕掛け・仕組みをつくり定着させてこそ、組織の成果が生まれる。

成果を出すことがマネジャーの最大の責任であることはすでにふれた。その責任を果たすべく、組織メンバー、部下たちに「歩み」をもたらすのだ。

3つめは、この組織で仕事を進めるうえでの質的な原則を定めることである。たとえば、「互いの欠点をあげつらうのではなく、各人の良さを認めてチームワークで進める」「まずは動いてみて、振り返り修正する」「他人任せにせず、自らの責任で仕事をやりきる」などだ。チームとしての行動原則を定めることで、自組織の仕事の仕方の原則が生まれ、さらに強化される。

行動原則は、「自分たちは、他の組織からどうみられたいか」と問いかけながらつくると、「あるべき」状態が、内向き視点だけでなく、第三者視点も反映されるので明瞭にしやすい。

2. 目標達成を促し成果にこだわる

前節で取り上げた、組織とメンバー個人の目標を立て、各人の役割を明らかにし、仕事の進め方の共通原則をつくることは、実際に各メンバーに仕事に取り組んでもらう際の「前提」あるいは「段取り」をつける作業で、メンバーが定めた方向に歩み出すようにする仕掛けでもある。

方向が決まったら、どの程度進むのかを提示する。目的地まで「10キロなのか、100メートルなのか」「1年で10キロなのか、1週間で100メートルなのか」では大きく異なる。

1. チャレンジングな目標の意義

　2003～2004年ごろ、ある企業で目標の達成度に応じて評価と報酬が決まる仕組み（成果主義型人事制度）を取り入れたところ、目標設定を低めに設定し達成度を高めようとする動きが散見され、高い目標にチャレンジしない風土になってしまう弊害が喧伝された。100という実績であっても、最初の目標が80なら、その達成度は1.25、目標が100なら達成度は1.00となる。成果は同じなのに評価が異なるのなら、低めの目標を設定しようとする心理はわからないではない。さらに、業績と人件費コストという観点からは、目標設定が低めで達成率が高い場合は報酬も高くなるため、人件費コストがかさみ、事業損益が悪化することになる。

　別の例で、去年と今年で同じメンバーで同じ売上業績をあげたとしよう。今年度初めにメンバーの賃金を上げている場合、賃上げ分の人件費コストは増えたのに同じ売上業績だと、損益が悪化したことになる。ビジネスの事業損益の観点からは、賃上げするにはトップラインの売上の数字をあげ、前期より高い業績をあげることが、組織マネジャーに課された宿命である。

　マネジャー自身が強い達成意欲や動機をもち、また部下もそうであれば、高い目標へチャレンジする行動がスムーズに生まれるが、必ずしもそうとは限らない。達成意欲が低い部下に高い目標を設定すると、権限をかさにきた押しつけ行為だと部下の反発を呼ぶ危惧もある。心理学者デシ（E.L.Deci）が唱える内発的動機づけの観点からは、人間は熟達志向をもち、自分でコントロール、自己決定できているときは高いモチベーションで仕事にあたれるが、自分の意図しない目標を設定されるなど、他者（上司）からコントロールされていると、動機づけが落ちるアンダーマイニングになる（**図表２－２**）。

　では、上司が目標を立てて部下にその達成にあたらせるなら、常にこのアンダーマイニングとなるのだろうか。

　アメリカパルプ材協会で行なわれた実験が興味深い。伐採する地形およびメンバーの力量をほぼ同じ状態にした複数の班を無作為に選び、「具体的で困難な目標を与えた班」と「具体的な伐採目標ではなく、ベストを尽くせと

図表2−2　デシの内発的動機づけとアンダーマイニング

　内発的動機づけとは、学習が他の外的な報酬を得るための手段としてではなく、それ自体がおもしろいもの、楽しいものとして感じられることによる動機づけであり、人が生来もっている好奇心や探究心などと関連づけてとらえられている。
　一方で、この内発的動機は、金銭などの外的な報酬の提供によって低下するという現象（アンダーマイニング現象）が生じることも知られている。
　つまり、人は本来「熟達志向」（有能でありたいという気持ち）をもっており、外的なものと無関係に動機を喚起できるが、「自己決定」（自発的な取り組み）が阻害されると、行動への衝動は弱まる。

熟達志向　×　自己決定　＝　行動への衝動

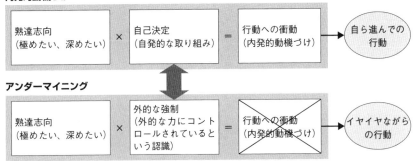

出所：宮本美沙子、奈須正裕編『達成動機の理論と展開』をもとに作成

だけ伝えた班」に分けて伐採にあたらせた。いずれの班にも伐採の出来高数に応じて給与を払うことを約束したところ、1週間たった時点で、具体的で困難な目標を与えた班のほうが生産性も出勤率も有意に高かった。メンバーに面接したところ、目標を設定した班の職人は自分の伐採効率を得意げに話し始めた。目標設定が目的意識や挑戦意欲を与え、肉体を酷使するだけの退屈な仕事に意義を与えたのである。

　目標を設定し実現することで課業への興味と業績への誇りが高まり、給料が増えるだけでなく、個人として「うまく効率的にやれている」という感覚が強くなったのだ（『ワーク・モティベーション』ゲイリー・レイサム著）。外発的に与えられた高い目標でも、それを達成することで、やりがいが見出されるのである。やってみて、できたらおもしろくなり、さらに挑戦するというもので、内発的動機づけ理論とはまったく逆の立場に立つ、自己効力理

図表2-3　バンデューラの自己効力理論

> おもしろくないことやつまらないことでも、「効力期待」(＝自己効力。それが「できる」という見込み)をもち、「結果期待」(やった結果として、自分に価値のある結果に結びつくという期待)がともなって初めて動機づけられる。
> 裏を返せば、「努力をすれば結果が出る」とわかっていても(結果期待)、「その努力を自分ができるかどうか自信がない」状態であれば(効力期待の欠如)、「努力する気が起こらない」。
> これをもとに、自己効力の重要性が注目されることとなった。

効力期待と結果期待

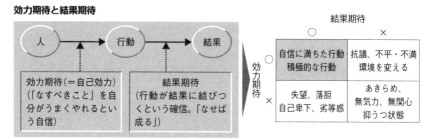

出所：宮本美沙子、奈須正裕編『達成動機の理論と展開』をもとに作成

論と呼ばれるものである(**図表2-3**)。

この自己効力理論を取り入れた、「高業績サイクル・目標設定理論」を示したのがロック(E.Locke)である(**図表2-4**)。

高い目標、困難な目標でも、その達成に意義を見出し、なんとか自分でできそうな見込みがもて(①必要な先行条件)、自らの複数の能力を適宜活用し(②調節要因)、執着して努力を継続し(③仲介メカニズム)、成果をあげ(④業績)、褒められたり給与などで報償され(⑤成果に対応した報酬)満足(⑦)となり、さらに、この組織でもっと頑張ろうという組織コミットにつながり(⑧結果)、ひいては次の高い目標へのチャレンジにつながる(次の①)という好循環サイクルを描くことを表わしている。なお成果にかかわらず、与えられる固定給や福利厚生も補助的に満足へつながっている(⑥成果非対応の報酬)。

組織のめざす方向(何のためにこの仕事をするのか)と合わせた高い目標を打ち出し、それにチャレンジさせることはメンバーの動機づけになる。ただし、目標は、はなから無理なものでもなければ、やすやすと達成できるものでもなく、「困難だが意義があり、達成できそうな見込みのある」高さ

図表2－4　ロックほかの高業績サイクル・目標設定理論

困難だが意義ある目標をもち、達成できそうな見込みがあるときは、困難でも、その達成にコミットし、高い業績をあげると高い職務満足につながり、組織に進んでとどまる。

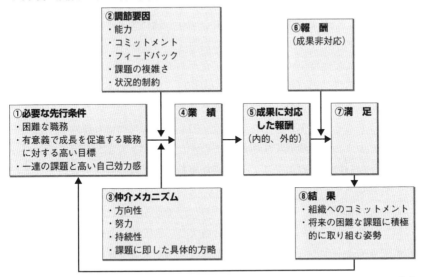

出所：Locke, E.A. & Latham, G.P. "Work Motivation: The High Performance Cycle", 1990 をもとに作成

だ。肌感覚で表現すると「大変だが、達成できたらうれしい」程度である。

「チャレンジングな目標」は、まずは自分自身から設定する。その感覚は「自分の権限・責任を超えるようなもの」であり、第1章の「リーダーに与えられるもの」（図表1－3）となる。

2．達成への執着

このような「大変だが、達成できたらうれしい」目標が設定され、それにみなが取り組むとき、その組織にはぴりっとした良い緊張感が漂う。これに対して目標が高すぎるなど無理そうなものでは、はなから諦めたり、達成できずに責められて疲弊してしまう、あるいはだれも責任を問われたり咎められたりすることがなければ、「なあなあ」な雰囲気に陥ったりしがちだ。目標を立てたら、それに本気になって取り組み、執着して達成するような組織体質をつくり出すことが、組織マネジャーの役割でもある。

高い目標は、すぐに達成できるわけではない。そこで、どのような取り組みが良い結果をもたらし、何が問題かを週単位や月単位で適宜振り返り、どうすればうまくできそうか、仮説ベースで案を作成してチャレンジしてみる。部下に、そのような工夫を積み重ねさせ、諦めずに達成するよう行動を方向づけるのが、マネジャーの仕事である。
　なぜそこまで、部下の成果達成にこだわるのか。
　部下は、自分に力（能力）があるか否かは、結果でしか確認できない。達成し成功できれば、自分に力があること、あるいは力がついたことを確認できる。そしてその自信が、さらに一段上のレベルの目標でも躊躇せずにチャレンジしようとする状態を生み出す。しかし結果がともなわなければ、自分には力がないのだと自信をなくし、取り組む目標も前より低いものとなるなど、負のスパイラルにはまってしまう。
　そのため上司には、目標を達成し「やればできる」という成功体験を部下に積ませること、そして部下が自信を喪失して無能感に苛まれたりしないようにすることが求められる。最初の小さな成功が大切であり、それが勢いを生み、次なるチャレンジとその達成、成功につながる。そのように部下を方向づけていきたい。
　そこでまずは上司である自分自身が、成果へのこだわりと高い基準で仕事をする姿勢を示す。部下に対しては、やみくもに目標数値や基準の達成を問うのではなく、「達成することはプロとしての力量の高さを示すもので、それが誇りである」ことを意識づける。そして目標を達成できないときには「自分たちの成長の証を手にできないのが悔しい」「自分の信頼する、力あるメンバーがそろっているのに、達成できないのが悔しい」という言葉をかけ、意味づけをするのだ。
　筆者は、新卒で就職した会社では営業希望だったものの人事に配属され、以降、今日まで人事の領域で仕事をしている。このため、自分の興味のない領域でも、やってみておもしろさを覚えるという自己効力理論には実感をもって賛同できる。その一方で、内発的動機づけ理論は、自分のしたいことを極めるという研究者や芸術家、あるいは学生時代にベンチャー企業を興し最初から社長のような起業家の場合にはうまく機能しても、必ずしも自分の

やりたいことだけができるとは限らない実務の場面では、限定的にしか機能しえない理論だと思っている。特に部下から、「私のやりたいことをやらせてもらえないと、動機づけが落ちる」と言われる場面では、内発的動機づけ理論の着想だと反論できず、「好きにやってみろ」と是認し、その結果、組織の方向性とは異なる領域で仕事をして、組織業績には貢献しないというおかしな現象を生む可能性もある。

　自己効力理論の着想だと、本人の志向と合わない場合でも、「まずやってみて形にしてみろ」と仕事に取り組ませ、一定の成果（小さな最初の成功）が出た時点で、「やればできる」「それがあなたの強みだ」という肯定的な意味づけを本人に与える（認知）ことができる。いわゆる、おだてて木に登らせる世界である。ただし、部下が木を登れるか、やればできると実感できるかが、動機づけのポイントになる。つまり、褒め言葉をかければなんとかなるというコミュニケーションスキルの次元ではなく、上司として部下に成功や成長をもたらすことができるかによるのだ。

3. 機会と権限を与え、挑戦させる

　内発的動機づけ理論に則ると、部下が高いチャレンジ目標を達成しようとする際に上司が事細かに指示すると、外的な強制にさらされ「やらされ感」が強くなり、動機づけがむずかしくなる。自己効力理論に則るなら、上司に細かく指示されると、「自分にはうまくハンドルできないと上司は思い、あれこれと指示してくるのだ。上司が評価するように自分の力量は低いのでうまくこなせるか不安だ」と自分に自信がもてなくなり、低い自己効力感の状態となる。このように「箸の上げ下げ」まで指示するマイクロマネジメントを行なうと、部下の疲弊感は強くなる。

　いずれにしても、任され感を感じさせることがポイントとなる。

　とはいえ、部下にすべてを任せただけで、高い目標を達成しうるのだろうか。これまでどおりに部下がよくやってくれたとしても、それでは現状並み

にすぎず、より高い目標達成にはおぼつかない。また、部下が「丸投げされた」と受けとめてしまうと、部下の強いコミットが得られず、適当にこなしたり、あるいは本人は頑張っても、最後の詰めが弱い放漫なマネジメント状態となってしまう。

　このような両極端でなく、部下に「適切に」任せることにより、部下が責任をもって仕事にあたる状態、すなわち組織としての成果をあげられる体質をつくり出す必要がある。また、組織全体が以前よりも高い目標にチャレンジしようとするとは、その組織マネジャー自身がいま以上に高い目標を背負う状態でもある（図表１－３）。

　上司自らがより高い組織目標にチャレンジするには、だれかに委ねる部分を大きくすることが前提となる。そのために、自分で直接手がけているものを見直す、あるいは自分の時間の使い方を変えるのだ。

　人はみな、１日24時間しか与えられていない。管理者に昇進したら１日が26時間に増えるということはない。これまでも精一杯、自分の時間をフルに使っていたのではないだろうか。それなのに、もっと大きな目標と成果を期待されるのだ。いまの担当（たとえば担当する顧客や、品質管理などの領域）に加えて、組織の統括と部下管理となると、時間が足りなくなる。組織マネジャーに委ねられる問題は、顧客トラブル、製品の不具合やコンプライアンス、他部署とのリソース調整、不満を抱える部下、部下間の確執などさまざまあるが、これらは自分の仕事の予定とは無関係に突然生じ、それに時間と神経を費やすことにより自分と組織の仕事のリズムを変えてしまう。

　組織マネジャーとして、自分の時間と組織業績をうまく収めていくには、もっと部下の力を使うか、あるいは組織としての仕事の進め方（仕組み）を工夫するしかない。そのため、自分の時間の使い方を見直し、担当する業務（担当顧客や管理するタスク領域）に費やす時間を減らして、部下管理や組織管理のためのコミュニケーションへの時間、新しい仕組みづくりを考える時間を増やすのだ。

１．部下と勝負しない

　部下の力を使う、部下に任せるというのは、頭では理解できても実践にあ

たって最初に壁となるのが、自分と部下を比較してしまうこと、あるいは「部下と勝負する」という行動だ。

　マネジャーになる人は、優秀なプレイヤーであるがゆえにその実績を認められてマネジャーに昇進する。自分がプレイヤーとして優秀だったがゆえに、「この件はまだあいつには任せられない。先方の○○部長から文句を言われても困るしな。ここは自分でやるしかないか」と仕事を部下に委ねることに躊躇する。また、あるタスクについて部下につくらせた企画書の出来映えがいまひとつだったり、部下に目標を課してそれがうまくいかなかったりすると、「なぜ、こいつはできないのか。自分はそのくらいはできた」と思ってしまう。そして、組織の長として部下に成果を出させなければならないという責任感もあいまって、事細かく指示したり、自分が部分的にやってしまうということが起こりがちだ。

　つまり、自分を基準に部下をみて、「うまくこの案件をこなせるのは、部下の○○より自分だ。自分でやらざるをえない」という行動をとる。あるいは、部下が自分よりも劣っている部分をえぐり出し、「お前のここがダメ」と矯正するような言動に及びがちだ。これでは結局は自分で何もかもすることとなり、仕事は雪だるま式に増えていく。マネジャー自身は、周囲からはヒーローやヒロインとして認知されているので、誇りをもって仕事にあたれているかもしれない。また、さらに上の上司からすると、高い組織業績をあげているので、それが問題と映ることはないだろう。ただし、いつまでそれを続けられるのか。マネジャー自身が燃え尽きたら、あるいは異動したら、その組織業績は継続できるのだろうか。

2．仕事をひと塊で相手に委ねる

　部下の力を使うには、具体的には仕事の塊（仕事の領域・分野）とリソースを、部下に計画的に与えるようにするのだ。自分がすべてを実行したり、決めるのではなく、部下にハンドルできるものは何か、いますぐには無理でも一定期間（この1～2年くらい）のうちにできそうなものは何か、自分の組織が重要視して行なうべきことは何か、組織マネジャーとして何に時間を使って自分でハンドルするか、そして何をしないのかを考えるのだ。

図表2－5　権限委譲のイメージ

タスク	重要性	（あなた）マネジャー	Aさんリーダー	Bさん	Cさん	Dさんリーダー	Eさん	Fさん
1. ○○	高	責任者	担当	担当	—	—	—	—
2. △△	中	報告のみ	責任者	担当	担当	—	—	—
3. ●○	中	責任者	—	—	—	担当	担当	担当

　たとえばある組織（1マネジャーのもとに2チームが構成され、それぞれにチームリーダーがいる）に3つのタスクがあり、それを1人のマネジャーと2人のチームリーダーで分担しているとしよう（図表2－5）。タスク3の重要性が「中」であるならば、タスク2と同じように、責任者役割をリーダーDさんに委ねられないかを検討する、というイメージだ。
　ただし、権限委譲は業務割当とは異なる。この点に留意が必要である。
　権限委譲が「本人にいま以上の能力向上と成長を期待して、新たな責任と権限を与えるもの」であるのに対し、業務割当は「仕事として本人に割当てられるもの」である。本人は以前に類似業務を行なっており、責任の拡大がともなうものではない。
　また、思いつきで任せるのではなく、権限委譲であることを理解してもらう必要がある。そのため、以下のステップを踏む。

◆権限委譲であること、またなぜその部下を選んだか（能力があると見込んでいるから任せたなど）権限委譲した理由や期待を伝える
◆どのような権限の範囲か、それにともなう責任は何かを詳細に説明する
◆条件について話し合う（権限委譲により生じる業務分担の変更や、新たな権限を使ってどのようなことができるようになるか）
◆本人の確約をとりつける
◆任せた後にうまくいかないときは、進捗状況を注意深く観察し、完遂できるように「助言」する

　委譲した内容の最終責任は、権限を委譲した上司がもつので、「委譲して任せたから知らない」ではすまない。一方で、権限委譲により、部下はより大きな責任が与えられるため、うまく達成できないリスクをともなうが、うまくできないからと途中で責任を小さくしたり、前の責任範囲に戻したり

すると、本人は失敗や挫折をしたと感じ萎えてしまう。そこで、「進捗状況を確認し、相談に乗り、助言はするが、指示は出さない、自分で手を下さない」というスタンスでのぞむことが不可欠である。

　上記を踏まえ、以下の❶～❹のプロセスを経て、権限を委譲する。

❶委譲する相手を選ぶ

　マネジャーとして組織全体の業績に責任をもつ以上、その結果も問われる。そのため、だれかれ構わず、また一律に任せたりすることなく、部下の力量を十分に理解し、信頼できる部下には多くを委ねるというメリハリが必要だ。どの部下であれば一任できるかも見定めなければならない。

❷部下に人脈と情報をもたせる

　仕事を進めるうえで重要な情報は、インターネットなどではまだ公開されていない「密かな」動きである。また公開されている情報でも、現実とは異なることは多い。重要な情報は、その源にいる人に聞く。同じ聞くにしても、率直で有用な情報をもたらしてくれるような関係にあるか、敵対する関係にあるかなどで大きく様変わりする。

　マネジャーであればだれしも、仕事を進めるうえで、社内の他の組織長たちとのパイプを通じてうまく仕事が進められたという経験があるはずだ。組織長は、部下にはない情報と人脈がその優位性（情報の非対称性）の源となる。一方で、それを独占することで、組織としての仕事のスピードが遅くなることもある。

　そこで部下に権限を付与するときには、人脈もあわせて与えるようにする。たとえば、部下には機会が限られていた担当顧客の役員との打ち合わせや会合に参加させる、社内の他部署も集まる重要会議に参加させて関係者に紹介するなどだ。有益な情報はこれらの「人」がもたらしてくれるので、この人たちと良い情報のギブアンドテイクができる状態をつくり維持することが、部下の有用な人脈となる。

❸質問することを通じて部下に決めさせる

　目標や達成方法を部下と合意したら（期初の業績目標設定の際でのイメージ）、あとは適宜、または定期的にその進捗を報告してもらい、詳細な進め方は本人に任せる。任せることにより、目標達成に強くコミットしてもら

い、うまくいかない場合も自分で工夫することを期待する。経過報告を受ける際も、本人が自力で進められるように、「どうしたらうまくいくかな」と問いかけ、「こうすればうまくできる」という指示は、与えてはならない。

　また、障害となる組織・人の問題や仕事の進め方の問題点を相談してきたら「なぜ、そうなるのか」「その理由は何か」「どう解決するつもりか」を問いかけ、「自分が考えるベターな方法で進めていいよ。ベストな方法があれば最初から悩んだりしないから」「解決方法を考えついたら教えてください。できれば解決案は一つではなく複数用意して、相談してもらえるかな」と本人に考えさせる。しばらくして部下が解決案をもってきたら、「どの案がいいと思う？　自分で決めてみて」と本人に決定を促す。さらに、その案で起きる障害を小さくしたり、より確実に実行するにあたっての次の手を部下に考えさせるために「これを進めたら何が起こる？　そのときの次の手は準備してある？」と確認する。

　これとは逆に、上司が事細かにチェックすると、「どうせ自分でやってもあとで上司に直される」という思いが生まれ、部下は自ら深く考えたり、工夫することをやめて思考停止状態に陥る。また、都度、チェックをするとスピードも落ちる。さらに、自分では判断できない、自分は責任をもてないという他責状態にもなる。

　そもそも「任せる」とは、期待していると告げたうえで、与えた目標や仕事の結果が出るまで責任をもってやらせることである。多くの人がこの点は理解していて、そうしたいと思ってはいても、「つい自分でやってしまう」「部下の話を聞く前に指示してしまう」のではないだろうか。任せるには忍耐力もいるのだ。また、部下に身を委ねているようなものでもあり、「ちゃんとやってくれるさ」という期待と、「やってくれないかも」という不安が入り混じった感情でもある。それは、胴上げされているときの「だれかがさっと手をひっこめて地面にたたきつけられるのではないか」というおそれと葛藤することと同じである。

❹**成功や手柄は部下のもの、失敗は自らの監督不行き届きと心得る**

　任せた業務で部下が良い成果をあげたり、いままでにない活躍をみせた場合、それはその部下の成功であり、認知して褒めることが大切である。それ

がいっそう、本人のコミットにつながる。手柄を上司がとることは、けっしてあってはならない。

　逆に結果がうまくいかなかった場合は、上司の監督不行き届きというスタンスで、関係者へ詫びを入れるなどは上司の仕事である。そのときに「失敗も部下の自己責任」と突き放すと、部下は「この人は組織長として責任をとるのではなく、自分を切った。助けを出すことはしない人だから、怖くて二度と仕事はできない」となる。

　また、失敗しそうなときは、あえて最後まで責任をもたせることが、良い意味での失敗経験につながる。ただし、上司の胆力が試される場面でもある。みすみす失敗させたのでは組織として立ちゆかないこともあるので、上司がバックアップ、あるいはリカバリーの打ち手をあらかじめ考えておくことが不可欠だ。

3. 任せて育てる

　任せるからには成功させる。挑戦させて育てるのもマネジャーのスタンスとして大切である。図表2－6は、「どうしたら部下が成功できるか」「うまくやれそうという自己効力感を部下が高めるための方策」「自己効力感を損なうような方策」をまとめたものである。方策を工夫して実際に取り入れるとともに、部下の自己効力感を損なっていないかチェックしてほしい。

図表2－6　自己効力感を高める方策

	高める		損なう
小さな成功を積み重ねる（遂行行動の達成）	・成功体験の蓄積（小さなことでも） ・段階的な目標設定	⇔	・失敗体験の蓄積 ・無理な目標の強要
まねる・学ぶ（代理体験）	・手本となる人の体験やノウハウの学習（あの人にできたのなら、自分でも…）	⇔	・立派すぎる人、条件に恵まれた人の例（私には、とうてい無理…）
言葉がけ（言語的説得）	・上司や同僚からの褒め言葉や励まし ・自己評価（自分を褒めてあげたい…）	⇔	・一方的な叱責 ・無視、無関心
開き直り（マイナス感情からの解放）	・できないという思い込みからの解放（なるようになるさ） ・視点、認識の転換	⇔	・過剰なプレッシャー

4. 職場の自由度を高める

　部下に権限を与え、もてる力を最大限に発揮させ、高い目標に挑戦させる要諦は「与えられた権限と機会をフルに使って、いままでよりむずかしいこと、大きな仕事にチャレンジしてほしい」である。それなのに、「やり方については、前例を踏みはずすことのないように。あまり新しい方法でやらないでほしい」「会社で定められた規則の範囲内で」「ルールから逸脱しないように」と釘を刺してしまうと、部下はチャレンジしようにも手足を縛られて身動きできないような感覚に陥るだろう。

　ビジネスの実態は、日々が他社との競合である。顧客に提供している製品・サービスについて、いままでにない新しい機能や使い勝手の良さ、優れた品質、よりお得と感じるもの（コスト、値段）を提供して、やっといまの目の前の顧客を維持できる。さらに潜在的な顧客や市場を開拓しようとなると、これまでにない製品・サービスを創り出すことが必要だ。これが開発部門の姿だとすると、営業部門では、新しい製品やサービスを提供するために、いままでとは異なる知識やスキルをもって未開拓の顧客セグメントを攻めることが求められる。生産や管理部門でも効率の良い仕方を通じて、経営改善への貢献が求められる。

　このように、常に改善させること、あるいは大きく何かを変えることが、日々の競合を凌ぐことにつながる。逆に、同じことを工夫もせずにただ繰り返すだけでは、競合相手に顧客と市場を奪われる。創意工夫と革新は日々の仕事のひとつなのである。

　創意工夫して、何か新しいことに取り組む際に、それを阻むものが「やりたいのだが、社内規則のためできない」という会社の官僚的な規制や、「前例がないから」という言葉に代表される後ろ向きな、あるいはリスクをとりたくない気持ちや発想の壁である。不必要なルールをなくし、創造性や革新性が発揮される職場へと進化させるため、そして職場における発想と行動の

「自由度」を高めるために、以下に取り組みたい。

【ステップ１】制約を取り除く

◆創造的な思考や取り組み（仕事の効率を高める、新しい業務処理の進め方、異なるメンバーと組むなど）を妨げているものは何かを特定する。たとえば、従来の方針や手続き、事務処理、リスクを避けて穏便にすませたいという抵抗感（心理、意識）などの障害が、どのように影響を与えているのか、その影響を最小限にするにはどのような手が打てるかを明らかにする

◆「常識」を洗い出し、疑ってみる。自分の業界や会社、仕事の仕方に対して周囲の人がもつ既成概念はどのようなものかを洗い出し、それがなぜそうなっているのか、今後もそうあるべきかを問う。この常識（既成概念、固定概念）を取り払い、より効果的、効率的に仕事を進める方法がないかを考える

【ステップ２】革新の基盤を形成する

◆自分の専門領域での最新アイデア（理論）や事例、流行を把握する。専門領域の新聞、雑誌、書籍、学会誌などで定期的・継続的に新しい知識を身につけたり、仕事上の課題に関する最新の知識や情報を提供してくれそうな人と関係をつくり維持する

◆特別な課題や継続している問題について、ブレーンストーミングの会議をもち、質より量でできるだけ多くのアイデアを出す（制約をかけない、案の批判をしない）。その会議後に、それぞれのアイデアについて可能性を検討する

◆解決策は、最低限必要とされる水準ではなく、それを上回る提案を創り出すことをあえて求める。当座の要求を満たし解決する策であっても、それに満足せず、より高く厳しい水準をめざしたり、最良の解決策を選ぶために、可能性のありそうな選択肢をできるかぎり多く出すよう働きかける

◆見込みのあるアイデア、解決策について、まずはできる範囲で小さく取り組んでみる

◆リスクのある解決策を検討する際には、「その策を実行した際に起こりうる最悪の事態」と「その策によりもたらされる潜在的な利益」を天秤にか

けて検討する。この分析により、新しい解決策を限定的に実行してみることでリスクを減らせるか検証する

【ステップ3】組織に革新の体質を育む
◆革新性やリスクをとることを奨励する風土を育む。新しいアイデアには失敗はつきものという事実を受け入れ、チャレンジすることに躊躇しないようにする。型破りなアイデアを提案した人を支持し、そのアイデアを実行に移すことも奨励する
◆創造的な解決策を生み出した人やグループに報いる。たとえば表彰する、さらにやりがいのある仕事を任せる、報酬を与える（ボーナスや昇進）など
◆革新の障害となるものが顕在化する前に取り除く。創造的解決策づくりを妨げる方針や手続き、抵抗勢力（反論しそうな関与者）の影響を排除する

5. 部下の力を認め、処遇する

　ここまで説明してきたとおりに、「高い目標を与え、権限を与え任せて、自分の責任で達成に取り組ませる」ことを実践したところ、ある部下は工夫してむずかしい目標へチャレンジし、見事に成果をあげた。もう一人の部下は、上司に何度か促されながらも本人の達成への取り組みがおざなりで、芳しくない成果だったとしよう。この二人に対して、上司が同じ評価を下し、同じ報酬（昇給や賞与）としたなら、工夫して取り組んだ部下は、「頑張っても頑張らなくても同じなら、無理しなくてもいいや。好きなことだけをやっていよう」と思うか、あるいは「上司は私が工夫して成果をあげたことを見てくれていないのか？　何を評価するのか？」と訝りを覚えるであろう。もう一人の部下も「この程度でも、この評価なんだ。次もこの程度でいいかな」となる。
　次の成果につなげるには、「報われ感」を醸成するとともに、公正な評価が不可欠なのだ。

報酬は、英語で表わすとRewardだが、これは、もともとは中世イギリスで使われていたアングロノルマン語のrewarderという言葉で、re（後ろを）、warder（見守る、注視する）を意味する。つまり、後ろでじっと見つめている人がいて、その人が働きぶりを評価して、その評価に応じて支払うものが報酬だ。自分の頑張りをじっと見つめて評価する人がいて、その評価が良い報酬へとつながるから、「頑張ったことが報われた」という充実感が得られ、そして上司と会社に対する信頼と、これからもこの会社（部署）で頑張ろうというコミットが生じる。逆に、「頑張ったのに報われない」という思いは上司と組織への不信と、「ここにいても仕方ない」というマイナスのコミットをもたらし、他部署への異動や転職などの「離脱行動」のもととなる。

1．公正な評価のための日々の「見守り」

　部下に報いるためには、その働きぶりが優れているのか否かを適切に評価することがベースとなる。そして、部下本人にとってはもちろんのこと、評価者のさらに上の上司や職場の他の人からみても妥当と思える公正な評価を行なうには準備が必要だ。そのひとつが、評価基準を合わせるという作業である。

　人はだれしもが、高く評価されたいと思っている。何を高く評価するかについて、みなが同じ尺度やモノサシで測れば、同じ評価とすることができるが、尺度やモノサシが異なれば、同じものでも違う評価となる。

　多くの場合、会社が定める人事評価基準があると思われる。これをぜひ使いこなしてもらいたい。評価者として、会社の定めた人事評価基準がしっくりこないと感じているかもしれないが、それは会社が定めた「最大公約数」である。それを足がかりにして、自分の「評価眼」を形づくっている評価基準を適用すればよい。たとえば「会社の人事評価基準では○○すると定めているが、それはこの職場では、△△の場面で、□□の行動をとることだ」というように。そのためには、しっかりと会社の人事評価基準を読み込み、この基準は実際の職場ではどういう行動、働きぶりなのかを自分なりに整理しておく。そして、そのモノサシを部下と共有するために、部下に十分に話をする。たとえば「こういう場面では○○しろ。それが、顧客志向だ」という

イメージである。

　部下の行動ぶりを眼にしたときに、とても良くできている点があると、それに引きずられて、ほかも大丈夫だろうと全般的に高く評価することがある。たとえば他部署からエースと呼ばれている人を引き受けた場合や、前任者からそういう評価だという引き継ぎを受けて、実際にある案件で仕事を一緒にしてみると、その前評判どおりと感じる場合だ。これは人事評価において「ハロー（後光）効果」と呼ばれている。逆に、チェック漏れでお客様からクレームが入り、「部下の○○さんは、仕事の詰めが甘い。だから、他の人への説明やコミュニケーションもできないだろう」などと、ひとつの失敗で他もすべてダメと評価してしまうことは、「ホーン効果」と呼ばれている。ホーンとは角のことで、牛の角のひと突きで痛い思いをしたら、その痛い思いから、牛自体を嫌いになる（全否定する）ことによるものだ。

　また、評価基準との対比ではなく、過去の自分との対比、あるいは他の部下との対比で評価することも、よく陥りがちな評価エラーである。このほか、それまではずっと良い仕事ぶりで優れた成果をあげていたのに、人事評価のタイミングで失敗したことが印象に残り低い評価になる、あるいはその逆で、ずっと芳しくなかったのに成功案件があったので高い評価になる「近時点効果」もある。

　評価エラーを整理すると次のとおりである。

◆主観・決めつけ…「好き」「嫌い」など、相手の人格を決めつけて偏見により評価してしまう

◆ハロー（Halo＝後光）効果…一つの良い点をもとに、ほかもすべて良い評価としてしまう

◆ホーン（Horn＝角）効果…特徴的に悪い点をもとに、ほかもすべて低い評価としてしまう

◆近時点効果…評価対象期間全体ではなく、評価するタイミングの直近の成功や失敗にひきずられて評価してしまう

◆過去事象効果…評価対象期間よりも前の評価結果や、評価期間以前の重大な出来事の記憶にひきずられて評価してしまう

◆寛大化傾向…否定的なフィードバックによる衝突を避けるために悪い成績

でも甘めに評価すること。動機づけのために悪い成績でも甘めに評価すること
◆中心化傾向…部下の評価を「公平」にするために、部下間の評価差による風波をたてるリスクを避け、無難な評価をすること

　このような評価エラーを起こさないためにも、評価を下す前に、その部下がどのような言動をしているか、予見をもたずに眺める、すなわち「見守る」のだ。それは日々、職場で部下がどのような顔で仕事をしているか、どんな言動をとっているかなど、興味をもって部下を眺めることである。すると、「こういう点はできている、この点はもう少し」などに気づく。
　部下に興味をもつことは、部下に対する基本的な理解を深めることにつながる。部下は、上司が組織業績をあげ仕事を進めるための道具（駒）ではない。人としてその部下がどのような性格なのか、何に興味や関心があり、どんなことをしたいと思っているのか、自分の強みと弱みをどう把握しているのか、これらは評価のための面談の場よりも、キャリア希望について話をする機会を通じて理解を深めることが適している。会社でそのような仕組みやルールがあれば、その面談の場を使い、なければ年１回、そういう場を設けて部下の声にじっくりと耳を傾ける機会をつくることをおすすめする。そのような場での部下理解をもとに、日々の仕事ぶりと言動についても、「見守る」のである。そして気づいたことがあれば、その時、その場で伝える。
　その積み重ねが、人事評価における評価結果を補強するのである。つまり、「日ごろ上司から言われていたことと合致する評価結果」だと思えれば、得心がいく。日ごろは何も言わないのに、評価のときに「あのときのここが悪いから、この評価だ」と言われたのでは、「評価を貶めるためのこじつけではないのか。悪い点は、その場で指摘してくれたらいいのに」と、納得性は低くなる。

２．低い評価を納得が得られるように伝える

　部下の優れている点を褒めて高く評価することは、心情的にも行ないやすい。しかし、弱い点に対し低い評価を下し、それを伝えることもマネジャーの重要な仕事である。なぜならば、部下に変化を促し成長をもたらす機会と

助言を与えることは、部下育成についてのマネジャーの職責だからだ。それを受けとめて変化し成長するか否かは、部下の自己責任である。

「低い評価」をすることは、正しい評価であるがゆえに評価者として悩む点でもあろう。「部下を伸ばしたい」という思いから、「低い評価を伝えて本人のモチベーションを落とすくらいなら、あえて、良いところだけを褒めて伸ばせばよい」と思ったりもする。

本人の良いところを褒めることをポジティブ・フィードバックという。一方、弱い点や改めるべき点をきちっと伝えることをネガティブ・フィードバックという。ネガティブ・フィードバックは相手にとっては受け入れにくい内容を伝えることになるので、その伝え方は、褒める場合よりも、表現の工夫と、補強となる説明がいる。

図表２－７は製造ワーカー820人に対する人事評価の結果としての５段階評価（優、良、可、要改善、不可）と、フィードバックの際にどのような説明があったか（業績、感想、注釈、謝罪、その他、説明なし）、そして部下はその評価をどれだけ公正だと受けとめたかを実証調査した結果である（『エミネント・ホワイト』小口孝司ほか編著）。

「説明なし」（評価について何もコメントしない）だと、評価結果と正の相関を示す。つまり、評価が低いほど不公正で不満だと感じている。興味深いのは、要改善や不可という低い評価でも、その際にどんな業績だったか、上司としてどのような仕事ぶりだったかの感想をコメントしたり、他者との対比での注釈をするなどの説明があると、その評価についてはそれなりに公正だと感じている。それも、成績が優／良の場合と同じくらいにだ。つまり、低い評価でも、その説明が妥当であれば、公正と受けとめるので、やる気をそぐことに直結しないのである。

３．評価の低い部下のやる気を高める

上司からみて優秀な部下やいまよりも上の役割を担い成長しうる可能性（ポテンシャル）をもつ部下に対しては、挑戦させる機会と場所を与える、相談にのる、が原則である。この点については、本章３節「機会と権限を与え、挑戦させる」を参照いただきたい。また、将来の幹部候補、リーダー人

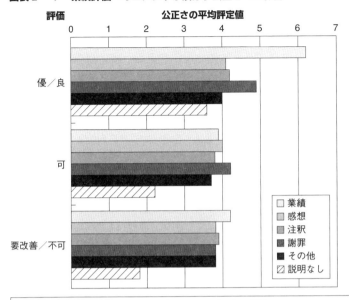

図表2-7 業績評価へのコメントが及ぼす公正さへの影響

公正さは、7（きわめて公正）〜1（きわめて不公正）で評定
【コメント例】
業績：「あなたの仕事はいつも私の期待を上回っています」
感想：「この評定は、あなたにとってはよいものです。改善の余地があなたには認められます」
注釈：「おそらく、あなたが望んでいたであろうほどの高い評定にはしませんでしたが、ほとんどの同僚よりも高い評定はしました」
謝罪：「残念ですが、あなたにはこのような低い評定をせねばなりません」

材として見込める人こそ、良い成果業績をあげてくれるので、自分の部下として囲っておきたいのが偽らざる心情だ。しかしあえてそういう優れた人材は外に出して、良い人を輩出させる部署という評判をつくり出してほしい。部下は会社の財産である。

では、評価の低い部下やむずかしい部下はどう対処したらいいだろうか。

上司として「評価の低い部下を優れた人材にできないか」と思うか、あるいは「これまでの管理職が手をかけてダメだったのなら、時間と労力の無駄。その時間があれば優秀な部下に使う」かのどちらかだが、周囲は、評価の低い部下をどう扱うのかをみている。さっさと外（社内の他部署への異動

や、会社を辞めて外への機会を求めさせる）へ放り出すのか、腫れ物のように扱いやりすごすのか、あるいは手間をかけて再生させるのか。

　また、評価が低いといっても、前任の上司とそりが合わず確執を起こして低い評価となった者もいれば、まったく手に負えない者、以前は良い評価だったのに最近は調子を落としてしまった者などさまざまなパターンがある。評価の低い部下については、まず冷静になって以下の点を確認したい。

〔芳しくない評価であることを本人が理解しているか〕
- ◆評価が低いという事実を理解しているか（前任者あるいは現任である自分自身がちゃんと伝えていたか）
- ◆どのようなレベルの行動と業績をあげてもらいたいか、期待を伝えているか、それが伝わっているか（本人の言葉で、期待レベルを表現してもらう）

〔部下に頑張れない背景理由がないか、それを取り除けないか〕
- ◆部下が使えるリソースが足りない（一緒に取り組む人や経費、情報が足りないと思っているなど）
- ◆権限が足りない（上司やさらに上からの承認が得られないと思っているなど）
- ◆時間がつくれない
- ◆矛盾を感じている（本人と組織の優先順位づけが合わないために、どうしたらよいか混乱を起こしているなど）
- ◆個人的な事情（自身の疾病や家族の問題など）を抱えている

〔本人に知識・スキル、能力があるか〕
- ◆与えた仕事をこなしうる専門知識・スキル、あるいは能力（対人コミュニケーション、問題解決力など）があるか
- ◆過去に、その仕事をこなしていたか、どういう業績だったか
- ◆低い評価を改善するために必要な知識や資質（打たれ強さ、前向きさなど）を備えているか
- ◆どのような専門知識やスキルを与え、訓練したらよいか。そのような教育プログラムはあるか

〔会社・組織としての不備〕
- ◆会社の仕組みやルールが、本人が適切な業績をあげるための障害となって

いないか、悪しき行動を本人がとることを助長していないか
◆上司である自分が解決できるのか、さらに上の上司にかけあうべきか
そのうえで、部下とは以下の点についてコーチングを行なう。
①問題に気づかせる
◆評価が低いという事実を伝え、それを理解しているか、確認する
◆部下が自分でも業績において問題があることに気づいて、改善策を考えている場合はよいが、そうでなければ事実をもとに部下と話し合う
②改善の方法を話し合い、方策を決める
◆いくつもの解決策を用意して部下と話し合う。質より量で、思いつく限り多くの解決策を出す。また、部下に代替案を考えさせる。部下に考えさせることで自責モードにする
◆最善の解決策を決めるために、代替案を含むすべての案について評価する
◆決定した解決策については、いつ、何を、どこまで行なうかを合意する
③自ら行動を起こさせる
◆改善行動は、部下本人が考え実行するものであることを認識させる
◆客観的なフィードバックを上司がすること、また、改善のための部下自身の努力を支援することを伝える
◆必要な他の人の支援を求めるように指示する。本人が信頼している同僚からの支援やフィードバックを求めるようにするなど
④フォローアップする
◆部下の仕事ぶりを見守りフォローし、行動の変化をチェックする。特に、良い行動の変化がみられた場合はそれを褒め、良い行動を習慣づけるようにする
これらを、求める行動が定着するまで続ける。

6. チーム意識と一体感を高める

良い業績をあげている組織は「風通しが良く、チームとしてのまとまりが

ある」ことを実感している人も多いことだろう。

　みなが高い目線をもち、互いの良さを認めつつ一丸となって高い目標にチャレンジする組織は、メンバーの表情もいきいきとしている。「この調子でいけば、期末には数字を達成しそう。自分だけでなくみんなが頑張っている」「あともう少しで"業界初の○○システム"の実現にこぎつけられそう。それぞれが自分の持ち場を超えて協力し合っているから、このチームならできる」など、良い結果予測と自信をもっているからだ。

　一方で、一人ひとりは優秀で力量があっても、互いが相手の欠点をあげて「あいつとは組みたくない」とか、担当の専門化により「自分の担当をこなすことが役割で、他の人が担当する領域は専門知識がないので助けたくてもできない」といった状況に陥る組織も多い。

　前者と後者を分けるものは、互いを親密に思い、相手の力量や結果を信頼できる、心理的な「一体感」といえる。後者は、仕事でのつながりも薄く、心情的なつながりはなおさら希薄である。

　日本人は、その場の空気を読んで、それを壊さないように行動することがたしなみとして身についている場合が多い。また、チーム方針にあからさまに反発したり、それから逸脱する行動をとることも稀である。ただし、それは積極的なチームワークというよりは、「和を乱さない」消極的なチーム行動で、必ずしもチームメンバーの間に「信頼」があるわけではない。

　チームとして、他のメンバーに対する信頼や心理的なつながりがあると、進んで他のメンバーのために協力する。たとえば、むずかしい顔をして「仕事がうまく進まない」と悩んでいる同僚に、「どういう悩みなの？」と声をかけ、相手の悩みに耳を傾けたうえで、「なるほど、こうしてみてはどうだろうか」とアイデアを出し合ったり、だれかが急な体調不良で休んだときに、別のメンバーが進んでその業務もこなすなどだ。また、信頼できる相手には本音の相談をしたり、重要情報を伝えるために濃密な情報コミュニケーションが行なわれる。結果として、その組織に対する忠誠心も高まり、「このチームに属して良かった」という誇りも生まれる。

　この一体感は、独自につくり上げられる組織体質（組織風土）ではなく、これまで述べてきた「方向感」「目標感」「責任感」「自由度」「公正感」があ

る程度形成されると同時に高まる、いわば結果指標の体質をもつ。

　そこで、組織にまだ一体感の高まりがないと感じられるなら、チームとして互いが協力するという行動を強化するために、以下のステップをメンバーがとれるように自ら率先して行動し、指導するとよい。そうすることで、一人ではできないこともチームで協力し取り組む行動につなげていきたい。

【ステップ１】他のメンバーと協力する

◆チームの目的、ミッション、ビジョンは仕事の指針であり、チーム行動のベースとなるので、メンバーが理解しているか確認し、疑問がある場合は相談できるようにする（「方向感」が合っているか確認する）

◆チームの一員として自分に期待されている役割は何か、その理解が進むようにする

◆チームメンバーが話をしているときは、それに耳を傾け、チームにおける情報や意見を集める。反論するのではなく、その意見を尊重し、評価し、「良い情報、意見ですね」と表明する

◆相手の意見に納得ができなければ質問し、その考えの背景を理解する。早急に判断しない

◆メンバーとして進んで協力するように促す。また、要求されたり問題が明らかになる前にチームメンバーと必要情報を共有する（自分のもつ力と情報をチームに提供する）。それが、チームメンバー間でのギブ・アンド・テイクの関係をつくり、次には他メンバーからの協力がもたらされるようにする

【ステップ２】進んで衆知を集める、反対意見も取り込んで互いに納得する

◆他者の意見や専門知識を心から尊重する。あえて反対の意見や視点を歓迎する。対立的なものの見方はグループとしての思考を刺激するので、討議を通じて、いままでにない解決策を生み出す可能性を見出す

◆メンバーの何気ない一言やコメントで互いの評価を落とすことがないように、問題と人を切り分け、だれが言ったかではなく、「何が問題か」を認識させ、それをどう解決するかを促す

◆上司や特定のリーダー的人材が発言するのではなく、メンバーそれぞれに、具体的な決定あるいは計画の作成に役立てるためのアイデアや意見を

求める。良いアイデアや意見は褒める
【ステップ3】チームスピリットを高め、一体感を強化する
◆チームのために優れた仕事をした人を公に評価する（自分のためでなく、チームのために良い仕事をした人を認めることで動機づけ、チームとしての士気を高める）
◆権限を与え、自分には実力があり重要な存在なのだと感じさせる
◆個人的な好き嫌いにかかわらず、良好な仕事関係を奨励するよう行動する
◆チームとして仕事をするうえで遭遇した問題について、個人的な関心に重きをおくのではなく、チームが目標を達成するために何が有効か、個人でなくチームにとって何がもっとも有益かに焦点を当てて、話し合いを通じて解決する
◆チーム内で生じた対立を有益な形で解決する策（双方がWIN-WINとなる策）を奨励あるいは促進する
◆グループアイデンティティとなるシンボルをつくったり、結束を固めるような策を講じて、チーム内のモラールあるいは協力体制を構築する（たとえば、チームのスローガンをポスターにして目立つところに貼る、仕事を離れた場でみんなの理解と結束が進むような行事をするなど）

7. リーダーシップスタイルに自分らしさを加える

　これまで、マネジャーとしてつくり上げるべき組織体質（組織風土）と、そのためにとるべきマネジメント行動にふれた。では、そのどこに力点をおき労力を割くべきか、ウエートやバランスはどうしたらいいのだろうか。
　組織体質づくりにつながるリーダーの行動には「型」があることがわかっている。たとえば理念を何度も繰り返し語り、方向性をクリアにすることにかなりの労力をかけ、そこに力点をおくものの、その次のテーマである高い目標の達成に執着することには淡白という型、あるいは理念や方向性はお題目にすぎず抽象的なのでそこそこですます一方で、目標達成にはこだわり、

弱音を吐く部下は叱責してでもとにかく結果を求めるという型もある。どちらも不十分で、それぞれしっかりとバランスをとるほうがよい。しかし実際には、人としての性向や経験などが影響するのか、上記のような「理念」型や、「強制実行」型という特性が生まれがちだ。

　ヘイグループでは、マネジャーの組織の率い方、人の動かし方や影響の与え方を「リーダーシップスタイル」として、6つのスタイル（型）に類型化している（図表2-8）。上司として、あずかる組織の課題（たとえば業績を改善する、変化させるなど）に対応するため、部下に対しどのようなコミュニケーションをとるか、そのタイプとしてとらえていただくとわかりやすい。

　リーダーシップスタイルは、6つのスタイルのうちのどれが高くて、どれが低いのが理想的という形状があるわけではない。また短期的に効果的な型と、中長期的に効果的な型とに分かれている。そのため、状況に応じて6つのスタイルを使い分ける「状況に応じたリーダーシップ」を心がけたい。

1．リーダーシップスタイルの6つの特性

❶指示命令型

　「俺の言うとおりにやれ」と上下関係をもとに強制する、あるいは丁寧な言い方はしても「私の指示どおりに確実に実行してください」と、一方的に上司への服従を求めるのが、この型の特徴である。指示は明確だが、なぜそうするかの理由は語らず、指示どおりにできないと、なぜできないのかと叱責したり、「指示どおりにしなければマイナス評価にするぞ」と、部下の行動に規制をかけたりする。

　リーダー研修において、各スタイルの説明をすると、参加者の多くが「この型は使いたくない。ただし、つい行なっているかもしれない」という反応が多くみられる。

　品質問題等で生じたトラブル対応などの緊急時や、組織立て直しが求められ、これまでの常識を変える、仕事のやり方を変えるなど急速な方向転換時には、この型は「これをやれ、これはするな」と部下の行動に強い方向性をもたらすので、とても有効である。

　しかしながら、平時にこの型による行動の強制を続けると、部下は自ら考

図表2-8 リーダーシップスタイルの6つの特性

	狙い、意図	具体的行動例	特徴	組織風土への影響
①指示命令型	部下に即座の承諾と服従を求める。「言われたとおりにやれ」	・部下の意見をあまり取り入れず、何をすべきかについてのみ明確な指示を与える ・厳しくコントロールし、常に詳細な報告を求める ・やったことをプラス評価するより、やらなかったことにマイナス評価を与えることで部下を方向づける（減点法的）	組織的な問題や業績改善に即座に取り組み、業務効率を上げる点では有効	・短期の組織業績や管理能力の向上（目標感と方向感） ・仕事の仕方に制約をかけ、部下をコントロールするため、組織風土の柔軟性や責任感などは損なう
②ビジョン型	部下に組織の長期的な方向性やビジョンを与える。断定的だが、フェア	・組織のビジョンと方向性を考え、それを明確にしていくことに責任をもっている ・部下や会社にとって長期的な利益になることについて、やるべきことや方針の意味をわかりやすく部下に説明している ・より大きなビジョンとのかかわりの中で、業績基準を設定したり、業績モニターを行なっている	方向が明確となり、役割意識が高まる。変革が必要な場合や新しいビジョン、明確な指示・基準が必要な場合には特に有効	・中長期的に組織に方向を与える（方向感）、何を行なうかが明瞭なので主体的になれる（責任）
③関係重視型	メンバー間の調和と対立回避をはかる。まずは人、次に職務。調和の形成	・部下との友好的な関係がもっとも重要と考えている ・雇用の確保、福祉、家族と仕事のバランスなど部下の幸せを第一に考える ・軋轢を避け、肯定的なフィードバックを常に心がける	全人格的に部下をとらえ配慮するため、組織の一体化には有効	・短期的に職場の関係を改善させる ・仕事で何をすべきか（方向感）、高い成果へのチャレンジ（目標感）は損なう
④民主型	部下の意見を組織運営に活かし、部下の参画意識とコミットメントの形成を重視する。参画、コミットメントの醸成	・部下が自分自身や組織を適切に方向づける能力を保有していることを信じている ・部下を意思決定プロセスに参画させ、合意によって決断していく ・会議を頻繁に開催し、意見を聞く	部下の協力意識が刺激される。一体感が高まる	・中長期的に組織へのコミットが強まる ・合議制をとるため迅速な決定と方向づけは損なう ・否定的なフィードバックなどを行なわないので評価・処遇のメリハリを損なうこともある

	狙い、意図	具体的行動例	特徴	組織風土への影響
⑤率先型	上司が規範（基準）を示し、部下自らの自己管理を求める。模範を示す。できないなら同情しない	・やってみせたり、優れた「モデル」を示すことで部下を引っ張る ・自らやるべきことや意味づけを見出し、自己管理することを部下に期待する ・部下ができないときには、責任をとりあげ、自分でやってしまう	高い基準で仕事を進め、短期に結果を出す	・短期的な組織業績をつくり出す ・部下の行動に制約をかける、部下ができなければ自分でやってしまうため、柔軟性、評価・処遇、方向の明確性、一体感を損なうこともある
⑥育成型	部下の長期的、計画的育成を意図して組織の強化を求める。社員の長期的な能力開発	・部下それぞれの目的に沿って、長所や短所を見出せるように援助する ・部下の開発、育成のために、上司と部下本人のそれぞれの具体的な役割を話し合い合意する ・フィードバックを行ない部下の成長を促すだけでなく、背景や論理的な根拠についても指導する	仕事を通じて部下との対話が増え、部下を育て、組織力を高める	・中長期的に組織能力が向上 ・緊急時においては即座の指示や改善が優先されるため、このスタイルが有効ではないこともある

出所：Using explanations to manage impressions of performance appraisal fairness, Jerald Greenberg, Employee Responsibilities and Rights Journal, Vol4, No.1, 1991をもとに作成

えることをやめてしまうので自主性を損ねてしまう。また、マイナス評価が多いために部下は自信や自己効力感をもてずに動機づけが下がる、あるいは短期に何をするかは明瞭でもその理由がないため、長期的な展望が描けないなどの欠点もある。

　このように、指示命令型は長所と短所をあわせもつ。また多くのマネジャーが「あまり使いたくない」と思っている一方で、躊躇せずあえて使うべき時もある。ただし、そのような場合には、上司が部下以上に情報や専門性をもちあわせていないと、部下はその指示を受け入れないことに留意が必要だ。

❷ビジョン型

　部下に「この人についていきたい」と思わせる、わくわくさせる構想を語り、動機づけてリードするのがこの型の特徴で、リーダー研修では「できればこの型を示したい」という反応が多い。

　組織の展望と方向性を明確にすることが上司の責任だと考え、その考えを

上下関係で押しつけることなく、構想の実現には部下の良い意見は取り入れるという公正さをもつ。実際、ビジョンを明確にして、その理由と方向づけを語り、部下のコミットメントを引き出すため、部下にとっては、なぜこの仕事をするのか、その意義や位置づけが明瞭となり、「頑張ろう」「タフな内容・目標でも踏ん張ろう」という動機づけが高まる。また、部下の意見や仕事についても、公正な判断をもとに、良いものは良い、悪いものは悪いと評価してフィードバックするという特徴がある。

このように、ビジョン型はもっともリーダーらしいリーダーシップスタイルであり、組織を束ねメンバーの意欲を高めるには有効である。組織風土では、メンバーに方向感を与え、また、大きな目標を達成するための業績基準が示されることにより、各人が自分の仕事が組織の大きな目標達成にどうつながっているかを理解できるので、主体的に仕事に取り組むなど責任感が高まるという利点をもたらす。評価も客観的で公正であるため、公平感ある処遇につながるなど、ほぼすべての要素にポジティブな影響をもたらす。

ただしこれは、上司の語る構想が部下に受け入れられて初めて有効な型でもある。たとえば、部下のほうが経験も専門能力も高い、あるいは上司のリーダーとしての能力と姿勢を疑われるなどの場合は、「見当はずれのほら吹き」とみなされることもある。さらに、上司が描いた構想を受け入れることを求めるため、部下たちが自律性の強い専門家集団だと、「自分の流儀を押しつけてくる」とネガティブに受け取られることもある。

❸関係重視型

組織メンバーが友好的な関係であることや、和を大事にする型である。仕事の目標や業績達成よりも、メンバーそれぞれの気持ちやコミュニケーションを大事にし、和気あいあいとして、互いが仲の良い状態をつくることに特徴がある。また、良い関係をつくるために軋轢を避ける傾向があり、部下を褒めることはするがネガティブな評価を避けるという特徴ももつ。

この型は、メンバーの人間関係が良くなるため、互いのアイデアの交換が生まれ、チーム全体として取り組んだり、だれかが困っているときに手を差し伸べるなど、一体感を高めるうえで有効である。そこでチームメンバーが変わり、互いがどのような人なのか理解できていない場面など、仕事に取り

組む前の、互いの協力関係の土壌づくりが必要な場面で発揮できれば、効果が得られる。

ただし、「仕事よりも調和」という、いわば仲良しクラブをつくり上げる型でもあるため、より高い組織業績を求め、高い基準で仕事をするための目標感（基準）を損ねたり、否定的な評価を避けることから公平感が保てない、あるいは仕事は二の次となるので組織の方向感がはっきりしないなどが生じるリスクがある。そのため、単独で用いるのではなく、ビジョン型と併用すると、人・感情と仕事・ロジックの双方についてカバーでき、より有効なリーダーシップ発揮へつながる。

❹民主型

リーダーや上司がトップダウンで物事を決めて前に進めるというより、ボトムアップ的にメンバーの意見を取り入れたり、さらにはそれによりメンバーの参加とコミットを引き出すのが、この型の特徴である。

部下の一人ひとりが主役であるという思いをベースに、自分とは異なる考えやアイデアにも耳を傾け、部下からの多様な意見や考えを吸い上げて、組織としての方向づけに活かすこと（集団運営型）、あるいは衆知を集めることも特徴としてあげられる。

みなの意見を取り入れるため、主体的に仕事に取り組もうとする各自の責任感が高まり、また、行動やアイデアが制約されないので自由度（柔軟性）の高い組織風土づくりにつながる。

ただし合議制であるため、即座の意思決定や方向づけが求められる緊急時の対応には難がある。海難で船が沈みゆくときに、みなで時間をかけて討議していては、結論が出る前に船が沈没するというような事態を生む。また、みんなの意見を取り入れるために、方向感が不明瞭になったり、あえて高い目標へチャレンジすることにみんなが尻込みしても強要ができないので、目標感が保てないなどのネガティブな影響が出る場合もある。さらに、メンバーの力量が高くない、あるいは情報が限られていると、集団合議運営は機能しないことを理解しておきたい。

❺率先型（ペースセッター型）

「俺についてこられる奴はついてこい」という高い規範を示して、妥協せ

ずに仕事を完遂させるのが、この型の特徴である。上司自身に学習意欲があり、高い質の仕事を成し遂げることに努力を惜しまず、またそれが当然と思っているため、部下や周囲にも同じことを期待する。「自分にも厳しく、他人にも厳しい」スタイルである。期限内に仕事を完遂させることと高い質での出来映えを求め、任せた部下ができそうになければ、とりあげて自分でやってしまうという特徴ももつ。いわゆる職人肌で、「俺の背中をみて、やり方を盗め」のスタンスだ。

この型は、上司と部下の距離が近い小組織であって（盗みようにも離れていると盗めないため大組織には向かない）、ついてこられる優秀な部下がそろっていて、そのようなメンバーで短期的に結果を出すなどの場面では有効だ。たとえば、全社プロジェクトを実行するために、全社から優秀なメンバーを集めた戦略的目標をもつ組織の長というような場合だ。

しかし、組織風土の自由度と公平感では部下にネガティブな影響を与えることが多い。「自分は上司のようにはできない」と部下が感じているときには、上司も「あいつはついてこられないので、任せられない」と思うからだ。そのため、部下も「任されていない、自分は信用されていない」と感じてモチベーションが低くなりがちである。また、組織の長期的な方向性や定められた各人の役割よりも目先の仕事を優先し、役割変更も辞さないため、方向感がぼやけることもある。

力量のある上司についていけるメンバーであれば責任感ももてるが、そうでなければ、総じて組織風土にはネガティブな影響を与える型である。このため、短期的に結果を出したり方向性を変えるなどの環境にあるか、自分についてこられる優秀なメンバーが下にそろっている中で高い目標にチャレンジするという場面に限定して用いるようにしたい。

❻育成型

この型は、短期的な視点、あるいは「仕事を完遂するには部下をこのレベルまで仕上げたい」という上司の目線（部下への教化）ではなく、部下の目線（部下自身がどうなりたいと思っているか）に立ち、部下に自分の強みと弱みを理解させて長期的な育成計画を立てて実行するものである。育成につながるのであれば、いままでにない仕事の機会を与え、その進捗の過程で

「うまくできたところ」「改善すべきところ」をフィードバックし、指導・助言を通じて成長させる。また部下と1対1でOJTを行なうため、濃い人間関係をつくり出す。この部下育成は、リーダーとしてのもっとも重要な役割のひとつであり、リーダーシップ発揮のうえで欠かせない行動だ。

具体的には、部下が自分で気づいた課題について、その克服のために上司が機会を与えて指導にあたる。このような育成型の取り組みに、部下は上司からサポートされているという感覚をもち、しかも自分のやり方でトライできるため、自由度と責任感が高まる。また、1対1の上司と部下とのコミュニケーションにより、組織の方向性と自分のありたい姿がわかり、方向感や一体感を高めることに機能する。

一方で、この行動は長期的な観点にもとづくため、即座に知識や指示が部下に必要な場合、上司に部下を育成できる専門性がない場合は機能しない。

2. リーダーシップが形づくる組織風土

組織風土とリーダーシップは、おおむね図表2-9のような関連性がある。もっとも、その組織がおかれた環境、メンバー構成などにより、必ずしもこの連関を示すとは限らない。

まずは、リーダーシップの特性に応じて組織風土がどういう状態となるかを例示する（図表2-10は、数値が高いほど、そのスタイルや風土は強いことを表わす）。

【ケース1】営業責任者の鈴木さん

> 営業組織の課長である鈴木さんは、売れ筋商品に変化が生じ、製品の性能が良いだけでは売れゆきが伸びないため、その使い方や困りごとなどお客様のニーズに寄り添うような営業手法へと、いままでとは異なる売り方にチャレンジしている。鈴木さんは、入社してすぐに営業として現場に立ち、次いでマーケティングを担当したのちに営業部門へ戻った。このポストに就く前は、ほかの営業所でチームリーダーを務めていた。現在の組織は、営業として十分な経験を有する部下に加えて、新たな営業手法にチャレンジするうえで適材と思われるメンバーを集めた部署でもある。そこで、いたずらに結果を求めるよりは、営業手法の確立をめざし、みなのアイデアを取り入れて新しい方法へチャレンジしている。鈴木

図表2-9　リーダーシップスタイルの組織風土への影響

		組織風土					
		柔軟性	責任	基準	評価・処遇	方向の明確性	チーム・コミットメント（チーム意識）
リーダーシップスタイル	指示命令型	↓	↓	短期 ↑ 長期 ↓	↓	業績 ↑ 長期あるいは将来展望 ↓	↓
	ビジョン型	短期 ↑ 長期 ↓	↑	↑	↑	↑	↑
	関係重視型	↑	↑	↓	強い業績評価が求められない場合 ↑	↑	↑
	民主型	↑	↑	↓	↑	↑	↑
	率先型	↓	優秀なチームの場合 ↑ よくないチームの場合 ↓	短期 ↑	↓	↓	↓
	育成型	↑	↑	長期 ↑ 短期 ↓	↑	↑	↑

注：↑ポジティブな効果　↓ネガティブな影響　↑↓状況によりインパクトが異なる

図表2-10　ケース1とケース2の比較

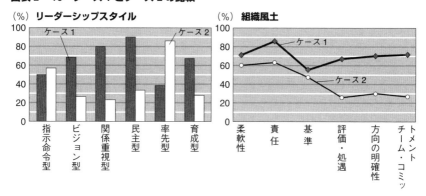

さんは、各メンバーとのコミュニケーションを大事にしており、困る部下をほうっておかないという信条のもと、育児時間による短時間勤務の部下もケアしている。業績は、目標を毎月クリアする状態には至っていないが、成功例も出始めており、成功事例は課内会議で褒めて共有している。メンバーは、「自分もそのやり方をしてみたいので、アドバイスしてもらいたい」と互いに学びながら新しい方法にチャレンジするなど、その士気は高い。

　鈴木さんは、組織のめざす方向性に沿った新しい営業手法を示し、これからの組織のあり方を示すビジョン型、力をもつ部下の考えを引き出してそれを活かす民主型が高い。ビジョン型は組織風土の「方向の明確性」につながり、意見を取り入れて任せてチャレンジさせることが「責任」の高さをもたらしている。また、成功例は互いに共有して学ぶなどしており「チーム・コミットメント」にもつながっている。総じて、良い組織風土であるが、前年あるいは現状より高い実績を求める点が確実にはクリアできていないため、「基準」については、ほかよりはやや低い状態となっている。

【ケース２】マーケティング責任者の山田さん

　山田さんはそれまで継続して優れた業績をあげてきたことにより、１年前にマーケティング部署の管理職ポストに就いた。彼は創造的アイデアが豊かで実践力があり、結果重視志向であるという評判を得ている。一方で、性急・短気であり、周囲と摩擦を起こすこともあるが、その優れた専門性と業績により、問題視されずにすんでいた。

　ところが、現在の責任ポストに就いてから、次のような問題が表面化した。
・組織全体の生産性の低下
・長く在籍した２人のキーマンの転職
・組織のモラールの低下と、マーケティング組織と他組織間の信頼関係の低下
・同僚たちからの、山田さんは人の意見に耳を傾けない、一緒にやりづらい、
　情報共有しない、協働できないなどの不満の噴出

　山田さんは自分に問題はないと主張し、営業やマーケティングの同僚こそおかしいと不満を口にする。また楽しんで仕事をしているとはみえず、以前より長時間、残業するようになったというのが周囲の見方である。権限を部下に委譲せず直接、自分の手で物事をハンドルするようになったかららしい。

山田さんは、部下に委譲せずに直接自分でハンドルして手を下す率先型であり、性急に結果を出すために部下に指示する指示命令型の高さにつながるが、部下や相手の意見に耳を貸したりせず（低い民主型）、部下をあまりケアせず（低い関係重視型と育成型）、目先のことをこなす（低いビジョン型）というリーダーシップスタイルとなっている。これはいわばプレイヤーとしての行動であり、メンバーの力を引き出すリーダーとしての行動ではない。そのためメンバーは放置された状態にあり、それなりに好きにやれるので組織風土の「柔軟性」と「責任」はそこそこ高いが、組織の方向感はもてず（低い「方向の明確性」）、部下は評価されない、任せてもらえないと感じており（低い「評価・処遇」）、結果として一体感のないチーム状態となっている（低い「チーム・コミットメント」）。

3. コンピテンシーとリーダーシップスタイル

　前述のとおり、リーダーシップスタイルにはさまざまな型があるが、その中には、そのリーダーが沈思黙考し何かの策を考えているところを表わす型（たとえば深慮思考型など）はない。これは、本人以外の第三者や部下から観察でき、感知しうる行動を6つの型にしているため、本人がどの程度、深く考えているのかは、外からは把握しにくいからだ。仮に深く考えたうえで、それを指示命令として部下に伝えたとしても、部下から感知できるのは、指示として伝えた部分だけになる。

　このように、マネジャーがとる思考面も含めた行動を全方位からとらえるとしたら、物事を分析し施策を考える企画力などの部分も含める必要がある。その点をカバーするのがコンピテンシーである。それは思考も含めた行動の特性を整理したもので、ここでは、第一線管理者に求められるコンピテンシーを参照いただきたい。

　このモデルに示す共感などの各コンピテンシーの発揮が、リーダーシップスタイルのどれと、あるいはどの型として部下から感知されるかを整理している。「メイン」とあるのは、そのコンピテンシーの発揮がリーダーシップのスタイルや型として強く関連し認知されるもので、「サポート」は補助的に関連し、メインコンピテンシーを補強するものであることを意味する（図

図表２－11　管理職コンピテンシーモデルとリーダーシップスタイル

第一線管理者のコンピテンシー（行動特性）モデル		リーダーシップスタイル					
		指示命令型	ビジョン型	関係重視型	民主型	率先型	育成型
自己のマネジメント	共感			サポート	サポート		
	セルフコントロール					サポート	
	自信		サポート			サポート	
チームのマネジメント	育成力						メイン
	責任感醸成力	メイン					
	チームリーダーシップ		メイン				
仕事のマネジメント	達成志向性	サポート				サポート	
	イニシアティブ		サポート				
	問題解決力					メイン	
協調的マネジメント	対人影響力		サポート				
	チームワーク醸成力				メイン		サポート

表２－11）。

　ヘイグループでは1970年以降、リーダーシップスタイルと組織風土について、管理者と部下を対象に多面調査を実施しており、組織業績に対して、組織風土は３割の相関（残り７割は戦略や組織構造などの要素）を示し、組織風土とリーダーシップスタイルは５～７割の相関を示すことを見出している。つまり組織リーダーが適切な組織風土を形づくることができれば、組織業績を良くできるのだ。そのために、リーダーシップスタイルとコンピテンシーの使い方を工夫することがより良いマネジメント行動となる（図表２－12）。

図表2−12　組織風土が組織業績に及ぼす影響

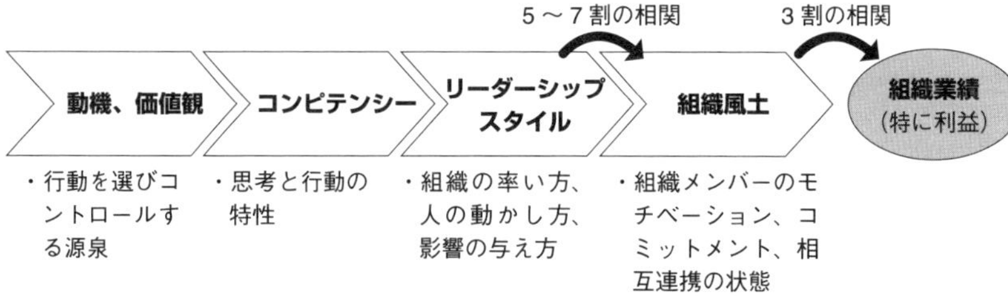

```
                                        5〜7割の相関    3割の相関

  動機、価値観  >  コンピテンシー  >  リーダーシップ  >  組織風土  >  組織業績
                                      スタイル                      （特に利益）

・行動を選びコ   ・思考と行動の    ・組織の率い方、   ・組織メンバーのモ
 ントロールす     特性              人の動かし方、    チベーション、コ
 る源泉                             影響の与え方      ミットメント、相
                                                     互連携の状態
```

第3章 多様化する組織のマネジメント

ここまで、管理職が上司として、部下に対しどのように影響力を示しリーダーシップを発揮していくかを紹介してきたが、マネジャーになっても上司がいるという環境は続く。実際、どう上司に接していくかに悩むマネジャーは多い。部下として上に対する影響力をどのように示すかである。
　そこで本章ではフォロワーシップという概念を踏まえて、上司との関係構築についてふれたい。また、少子高齢化と年功によらない成果主義人事が進む中、部下も多様となり年上部下や女性が増加している。とりわけ女性の活躍推進や管理職登用は喫緊の課題でもある。加えて環境の変化がはげしい今日、それまでのマネジメントのやり方がこの先も通用するとは限らない。海外赴任も生じうる。このような中でマネジャーが悩むテーマや海外におけるマネジメントなども考えていきたい。

1. 上司への働きかけ

　マネジャーになり部下をもつ身になったとしても、上司がいるという状況は続く。いわゆる中間管理職である。部下から「うちのマネジャーは…」と文句を言われる一方で、上司からは「マネジャーとしての自分の意思や考えは…」とつっこまれる状態だ。
　マネジャーとなってからの上司との関係は、非管理職のころより緊張感が高まる。自分の担当組織に責任をもち、さらに上司と意思疎通をはかり、信頼されるような言動が求められるからだ。仮に、「この上司とうまくいかなければ、他の上司と信頼関係を築ければよい」と考えるにしても、組織の階層を上がるほど、その選択肢が狭められる。単純化して、非管理職1000人、課長100人、部長20人という組織で、ある人が非管理職から課長になったとしよう。非管理職のころは上司の課長は100人いるので、いまの上司である課長とうまくいかなくても残りの課長は99人いる。しかし課長になると、上司の部長は20人と急に少なくなり、この1人とうまくいかなくなったら、あとは19人しかいないので、緊張は格段に高まる。また、リーダーとなる人材

は勢力的な人が多い。つまり上位にいるリーダーほどパワフルで、部下の主張を受け入れてくれる人ばかりではないのだ。そのためか、管理職に昇進後のほうが、上司に対する言動がマイルドになる例は多い。それが、上司からの信頼につながるのか、追従となるかでは大きく異なる。

　うまくマネジャーとして務め、良い成果をあげている人は、上司から頼られ（上との関係）、部下からも信頼され（下との関係）、同僚となる他のマネジャーや他部署ともうまく協働でき（横との関係）、さらに競争相手であるマネジャーからも一目おかれ、発言や要請を受け入れてもらえる（横との関係）。つまり、上下横に「三方よし」の人が多い。逆に、「不全」となっている人は、特に上下のどちらかで課題を抱え、成果に結びついていない場合が多い。たとえば、部下へのマネジメントがうまくいかないので、上からみると頼りなく、他部署からも「あの部署に依頼しても何も進まない。大丈夫か」となる。あるいは上司の意向を気にせず、とにかく足元の部下との関係を固め業績をあげても、2期目には上司との関係があまり良くないことに気づいた部下たちともギクシャクしてしまうなどだ。

　そこで上司に対してどのように臨むか、上への働きかけについてふれたい。

1．期待の確認と定期的なコミュニケーション

　組織を統括するマネジャーという役割においては、自分でどのような組織運営をしていくかが問われる。とはいえ、その組織はまったく独立して存在するのではなく、本部あるいは部などのより大きな組織の一部であり、上位組織を統括する上司が存在する。その上位者の示すベクトルと合わないと、部下たちの力をあらぬ方向に向けることになり経営的なロスとなる。上司と歩調を合わせた組織運営が必要だ。そこで、組織マネジメントの原則のうち「方向の明確性」「基準」「責任」を踏まえて以下の取り組みをすすめたい。

❶あずかる組織の状態に対する認識を合わせる（組織風土：方向の明確性）

　それまで所属していた組織で昇進してマネジャーとなったにせよ、異なる組織を任されることになったにせよ、その組織が抱える課題は何かについての認識を上司と合わせる必要がある。たとえば、それまで営業現場で成果をあげてきたAさんが、花形として一目おかれている企画部署のマネジャーに

抜擢されたとしよう。メンバーはみな、とても優秀で最新のマネジメント理論の習得に時間をおしまない。しかしその上司は、企画部署が打ち出す施策は現場の実態を踏まえていない、最近流行の戦略理論や他社の施策をそのまま持ち込んだだけの机上のプランになっているとの懸念を抱いていた。

　この上司は1年前に他部門より異動してきたが、企画部署の現状に手を打てずにいたのだ。そこで現場をよく知るAさんを抜擢し、企画の立て方や発想、現場を巻き込んだ進め方といった仕事のやり方から企画部署のあり方までを、それまでとは変えることを期待していた。ところが、Aさんは「花形の企画部署で優秀な人材がそろっているので、まずは様子をみて部下に任せていこう」という方針でいた。これでは、上司からすると「期待はずれ」となる。つまり、Aさんと上司では組織に対する認識が違うのだ。

　組織をあずかる者は、あずかる組織の課題は何か、すなわち競争相手からの脅威（Threat）と成長可能な機会（Opportunity）には何があるのかなどの外部環境を分析するとともに、内部環境として、その組織の弱み（Weakness）と強み（Strength）、キーマンの強みと弱みは何かを把握する（SWOT把握）必要がある。

　これは通常、SWOTの順に分析するが、組織課題を明らかにする意味ではTOWSのほうが実効的である。部下や関係部署、顧客から情報を収集するとともに、組織業績の推移から組織の状態を数値で検証する作業も欠かせない。さらに社員意識調査などの定性情報があれば、より明確に把握できる。

　これらの初期作業を行なったうえで、上司がどのような課題認識をもっているかを確認することが、自分が行なおうとする組織運営とのベクトル合わせにつながる。

❷組織のテーマや目標を設定する（組織風土：基準）

　上司からの期待は究極には「良い組織業績をあげてほしい」となるだろうが、あずかる組織がどのような状態で、どのような課題があるかにより、何を組織の目標とするかが異なる。また時間軸で考えるなら、いつまでに、何について、どのくらい、どのような成功をあげたいのかが変わってくる。

　たとえば、「生産性を上げる。少ない人員で業務をこなす」が大きな組織課題、つまりテーマであるとしよう。そのためには、最初の3ヵ月は生産性

改善の領域と方策案を固めて次の3ヵ月で試行し、さらに次の3ヵ月で新たな組織組みの定着と人員の異動先の確定というように、大枠で定めた活動の方向性をもとに、さらに個別目標・指標として設定していく。これは、目標設定の作業とほぼ重なるものだが、まずそれを上司と行なう。

　また、定める目標の領域は、第2章で紹介したPROFITを参考にすると、主要な成果責任の領域が含まれるので、もれがなくなる。ただし、そのうちのどれに焦点を定めるかのメリハリが必要である。指標は、どの程度達成できたかが評価にもつながるので、自身が思う「このくらいはいけそうだ」と、上司の「このくらいの達成を期待する」の双方のすりあわせが欠かせない。

　なお、どのようなことに取り組むかで特に意識してほしいのが、「早い時期での小さい成功づくり」である。これは、良い報告を上司にするためでもあるが、組織に勢いを生む一番の方法だからだ。部下は、新しいマネジャーの力量がどうなのか、お手並み拝見という状態であり、また、新たに打ち出した方向性や施策が本当に有効なのか半信半疑の中で、「成功」といえるものが出てくると、「この人の言っている方向性や施策は正しい。自分たちは成果をあげられる力をもっているのだ」という信頼と自信が生まれる。

❸だれに何を任せるかを確定する（組織風土：責任）

　上記❶の課題分析SWOTにおける内部環境分析で自組織のキーマンらの強み・弱みの洗い出しを踏まえて、また❷の組織目標の達成のために、具体的に、だれに何を担ってもらうかを上司と話し合うことで、その実行策を固めるというイメージだ。また、現有のメンバーでは、組織の課題解決に必要なスキルや知識、経験がない場合、あるいは人手が足りないなどの場合は、どうリソースをあてがうかを話す。特に人材の確保はすぐにはできないので、他部署にあたる、中途採用して充当するなど、そのプラン化も必要となる。

❹仕事のスタイルを確認する

　仕事のスタイルは人によって異なり、仕事を片づけるためには夜遅くまで働く人もいれば、朝早めに出社する人もいる。ただし上司が朝型で、部下が夜型だと、コミュニケーションをとりにくいということが生じる。仕事の進め方についても、たとえば情報はメールで広く集めるのか、対話を重視するのか、あるいは会議を使って人の意見を集めるのか。第2章で紹介したリー

ダーシップスタイルのうち、自分がよく用いるスタイルは何か、それらを上司に伝えることで、双方の理解も深まる。

また家族のケア（育児、介護）などの事情があれば、就業時間への制約も増える。このため、どのような仕事のスタイルにすることが妥当か、双方が理解し合うことも必要である。

❺自分の開発テーマを伝える（異なる部門で昇進した場合は特に重要）

たとえば、これまでと異なる部署を任されたとしよう。その部署の業務内容についてそれなりに理解しているが、十分な知識やノウハウは足りない場合が多い。そこで、マネジャーとしての役割をこなすにあたって鍵となる知識は早急に学習する必要がある。また、仕事を進めるうえで重要な関係部署や顧客との人脈も築かなければならない。このような、自ら必要と思う自己開発の領域があれば、何が不可欠な知識・ノウハウなのか、その習得や学習のためのアイデア、重要な社内外関係者への顔合わせや人脈づくりの機会（会議や会合など）について上司から支援が得られるかも含めて話し合う。また、組織の立て直しが必要で、部下たちにかなりタフな要求をしなければならないときに後ろ盾となってもらうなど、組織課題に応じた上司からの支援も、その範囲となる。

なお、以前と担当する部署・領域があまり変わらない場合でも、組織の方向性の変化を踏まえた学習テーマ（ソリューション型営業の技法習得など）や、自身が感じている開発テーマ（ロジカル思考技法や英語など）があれば、それも取り上げるとよい。常に自己研鑽し、自己開発する姿は、上司からだけでなく、部下の目からも模範となる。

❻コミュニケーションの頻度と内容

「上司にあまりコントロールされたくない、仕事を任せてほしい」と、上司とあまり会話せずにすませたい人がいる一方で、「まだ慣れないので、どう進めたらよいか、逐一確認したい」慎重派もいれば、上司とは定期的に会議に同席するのでコミュニケーションはとれていると思っている人もいるだろう。いずれにしてもこれらのコミュニケーションは個別の案件やタスクについての会話であり、往々にして、必要に迫られ、いやいやながら問題について話す場面のほうが多いことから、心進まないものとなりがちだ。

これでは、問題が生じているときのみの会話となり、うまく進んでいることがあっても、その情報は伝わらない。また上司が知りたいのは、個別案件よりは全体の状況である。そこで、これまでふれた❶から❺までの領域、つまり組織の課題、目標と達成状況、人員・リソース、自身の開発課題、そして全体的な広い領域について、定期的に1対1のコミュニケーションの機会を設け、会話の頻度と内容のバランスをとることが望ましい。上司にとっても、「また頭の痛い問題の話か」と思うよりは生産的に受けとめられる。

2．フォロワーシップを発揮する

優れた業績がどのようにもたらされるかについて、カーネギーメロン大学教授のケリー（R.Kelley）は、リーダーが影響するのは20％にすぎず、部下たちの頑張りのほうが大きいという調査結果を発表し、部下とフォロワーのあり方を整理している。それが**図表3－1**に示す5タイプのフォロワーシップである。マネジャーにとっては、何がフォロワーシップかは理解しやすいだろう。そこで、パワフルで切れ味の鋭い経営幹部たちにどのように仕えるかに、これを活かしたい。

たとえば、2014年の大河ドラマでは、秀吉の軍師であり藩主でもある黒田官兵衛が取り上げられたが、彼は、藩を統治するリーダーの役割を果たすと同時に、軍師としてフォロワーの役割もこなす。特に、フォロワーとしての官兵衛は、豊臣秀吉の指示に対して異論がある場合は率直な物言いで反論し諫言するが、秀吉は異論に対して怒りつつも、それに理解を示す場面が出てきた。また違う場面では、他の重臣たちが権力者である秀吉を恐れて物申すことのできない様も描かれていた。秀吉が官兵衛の意見に耳を貸すのは、官兵衛の知恵と力量を高く評価し、その発言内容、考えに道理があるからだ。つまり、部下として有能であり「（この部下は自分を）支えてくれる」（関与）という評価と信頼がある点、そして上からの指示であっても、有効でない、道理（道義や価値観）から外れるものについては異を唱える「建設的かつ批判的な思考」ができる点が、ほかの重臣と官兵衛の違いとして、描かれていた。それは、筆者のイメージする模範的フォロワーにあたる。

ケリーの5類型のフォロワーは、上記の2つの軸（関与と思考）で上司へ

図表3-1　フォロワーの類型

自律的、クリティカルシンキング

孤立型フォロワー
独自のクリティカルシンキングをもつが、役割をこなすことに消極的。周囲から浮いている。模範型だったのに、いつの間にか嫌気がさし、内にこもるようになった。
・自己認識：自立した考えをもつ一匹狼、健全な懐疑主義者、組織の良心
・他者の見方：問題児、シニカル、頑固、チームプレイヤー向きでない

模範的フォロワー
独自のクリティカルシンキングをもち、リーダーやグループを見極め自主的に行動する。リーダーのパートナー。
・独立心旺盛で独自の考えをもつ、建設的な批判を生み出す、リーダーに物怖じせず接する
・イニシアティブをとり、意欲的に参加し、仲間やリーダーをサポートする、守備範囲以上の仕事をこなす

実務（現実）型フォロワー
運営方針の変化を敏感に察知し、上位者との対立、衝突を最小限に抑える。いい仕事もしたがるが、失敗も避けたがる。「後悔より安全」重視。
・自己認識：変わりやすい組織の運営方針に敏感、仕事を遂行するために組織をどう動かすかを知っている、バランスのとれた見方をする
・他者の見方：自分の利益を最大にするため駆け引きする、危険を嫌い逃げ道を準備している、まあまあの情熱と手腕

消極的関与　←→　積極的関与

消極的フォロワー
考えることをリーダーに頼り、仕事への情熱・熱意なく、責任感に欠け、自分の分担を超える危険を冒さない。
・自己認識：リーダーの判断、考えに頼るべき、指示を出したときだけ行動を起こすべき
・他者の見方：会社にくるが仕事はしていない、ノルマをこなしていない、考えずにみなに従う

順応型フォロワー
命令を受け、リーダーの権威に従い、リーダーの見解、判断に従うことに熱心。
・自己認識：仕事を引き受け喜んでこなす、チームプレイヤー、摩擦を最小限に抑える
・他者の見方：自分の意見に欠ける、こびへつらい自分を卑下する、ぱっとしない地位をいやでも引き受け我慢する

依存的、無批判的な考え方

出所：Kelley, R. E. "In praise of followers", Harvard Business Review, 66, 142-148. 1988をもとに作成

の仕え方を整理したものである。そのうえでケリーは、優れたフォロワーの備える4つの特性をあげている。

◆セルフマネジメント…何かに依存して、そのまま受け取るのではなく、「批判的」に考え、自分の行動をコントロールし、自律して仕事する
◆責任（コミット）…ゴールやビジョンの実現、所属するチームや組織に対してコミットする。自身と組織の他メンバーのモラールとエネルギーを高いレベルに保つ
◆有能…組織の目標やタスクを達成するための力量と適性を備える。特に、

焦点を定めた方策と行動をとることができる。それは同僚より抜きん出たものであるばかりか常に自己研鑽に努めている
◆勇気…信念に忠実で倫理的基準を備え、上司がその基準にもとる場合に対峙する。誠実であり、上司に対しても率直である

　図表3−2は、筆者がアセスメントやコーチングの機会を通じて接した有能なリーダー、かつ上司に対してもフォロワーとして付加価値を示している人の特性を、管理職のコンピテンシーを踏まえて整理したものである。

　そのポイントは、優れたフォロワー（模範的フォロワー）であるために、まずは、自身がリーダーとして良い仕事をして業績をあげて信頼されること。そのためには、マネジメント行動をきっちりこなし、図表3−2の「セルフマネジメント」「責任」「有能」に該当するコンピテンシーを発揮する。加えて、「勇気」における自律的なチャレンジで、支援するだけでなく建設的な批判もできることである。

2. コンプライアンスと基本姿勢

　優れたフォロワーの特性である「勇気」のもとになるのが、本人が備える倫理的基準だ。基準に対して忠実に行動し、自分が不利益を受けるような場合でも、その基準を守る言動をとること、あるいは相手が上司やポジションパワーをもつ人であっても倫理観にもとづき異を唱えるような行動をとれることを「勇気」としたが、それは「インテグリティ」の高い行動でもある。

　インテグリティ（Integrity）とは、英語の訳としては高潔、誠実を意味し人格を表わす言葉である。また、コンピュータのソフトウエアなどでは、不備がない、完全な、一体性があることを意味し、動詞（Integrate）では「統合する」という意味になる。もとはラテン語の「完全」が語源である。完全であるがゆえに、高潔、誠実なのだ。それは、うそをつかない、約束したことは実行するなどの社会規範を確実に実現することにもつながる。そのため、インテグリティのある人は、一貫性があり信頼できる人として、部下

図表3－2　第一線管理者の行動特性モデル

		模範的なフォロワーの特性			
		セルフマネジメント	責任（コミット）	有能、焦点を定める力	勇気
自己のマネジメント	共感				上司のもつ本質的なニーズ（願望）や恐れを理解する
自己のマネジメント	セルフコントロール				チャレンジする際に、感情的や批判的にならず、上司に建設的な言動をとる
自己のマネジメント	自信				自身の信念に忠実で、倫理的基準を備え、上司がそれにもとる場合に対峙する。上司に不信感を抱かれないように注意する
チームのマネジメント	育成力			（自己開発力：平均的ではなく他の同僚より抜きん出るスキルと力量を備え、常に自己研鑽し、それを高めている）	
チームのマネジメント	責任感醸成力		ゴール、ビジョンの実現にコミットする、所属するチーム、組織に対して強くコミットする。自身および組織の他メンバーのモラールとエネルギーを高いレベルに保つ		
チームのマネジメント	チームリーダーシップ				
仕事のマネジメント	達成志向性	上司・リーダーから権限委譲されたむずかしいタスク・職務でも、自らの目標として取り組み、その達成に挑戦する		目標に焦点を合わせ、その達成のためにもっとも有効な方策をとり、実現する	
仕事のマネジメント	イニシアティブ	上司が求めることに対応するのみでなく、先を見越して、上司が気づいていない将来のチャンスやリスクに対して手をつける			
仕事のマネジメント	問題解決力	上司からの指示や考え方に依存するのではなく、問題の本質は何かをとらえたうえで、最適な解決策を立てる		目標達成のために焦点を定めた実行プランを立てる	
協調的マネジメント	対人影響力				上司に対して率直であり、納得させうる有効な説得を行なう
協調的マネジメント	チームワーク醸成力		メンバーの個性が活かせるチームをつくる		

注：上司、部下、同僚や社内外関係者に対してとる行動

や周囲の目に映るだろう。

　何をもってインテグリティがあり高潔とするかは、属する社会の規範や文化によって異なることもあるので、ここでは、ビジネスパーソンとして法令を遵守するコンプライアンスについてふれたい。

　人格的な高潔さとしてのインテグリティという概念を企業活動に当てはめて考えると、社会規範を守り、企業としての社会的責任を果たすことが、高潔な企業となる。法令に則り、それを遵守すること（コンプライアンス）を自社の経営理念や行動規範に取り入れる企業は多い。その一方で、企業不祥事も頻発している。食品偽装、化粧品の副作用に対する対応の遅れ、反社会的勢力への融資、医薬品の臨床研究データ操作など、これらは法律違反、あるいは守るべき社会規範からの逸脱である。社員が関与するということは、その上司が法律違反行為を見逃し、会社の監督責任が行き届いていないことの現われである。

　マネジャーとしては、「業績に責任をもつ立場であり、少々の逸脱には眼をつぶっても」という気持ちを抱くことがあるかもしれない。しかしこの逸脱は、それが自明のものとなれば、一瞬で会社の評判と信頼を失くす。そしてその信頼を回復するには、はかりしれない時間と労力がかかるのだ。

　そのため、ある企業では「コンプライアンス違反はワンストライク・アウト」を徹底している。野球だとストライク3つめでアウトとなるが、法令違反は一つでも逸脱したら即座にアウトとして、法令遵守をはかるものである。

　このような不祥事というケースでなくても、職場で身近に起こりうるものではサービス残業などの長時間労働やハラスメントなどもある。マネジャーは、労働基準法の遵守、管理監督者の安全配慮義務を果たし、社会良識に則って業務にあたっていただきたい。

3. 多様な部下への対応

　年功や性別によらない成果主義の浸透、社内における人員構成の高齢化の

進行などにより、バブル時に大量採用した人材より先に、バブル崩壊後の就職氷河期に入社した優秀者が昇進するなどの現象も多くみられるようになっている。これまでの「上司は年上、部下は年下」という序列は薄れ、「年上部下」も増えている。

1．年上部下への対応

　部下に自分より年上の人がいることは、最近は珍しくない。年齢的に自分と近い人から、定年後再雇用の60歳を超える人まで、その幅も広がっている。スキルのある人を中途採用した、などもあるだろう。平成24年賃金構造基本統計における労働力の状況をみても、たとえば40〜44歳で課長級は20万人いるが、非役職者は45歳から59歳までを足すと約250万人となり、10倍以上の数となる。明らかに、多くの年上部下が存在しているのだ。

　新卒で入社した若手社員は先輩を敬い、先輩は後輩の面倒をみて「〇〇君、ここはこうしたらいいよ」と助言するといった職場における従来の年功型序列は、経験者が未経験者をケアし育てる良い慣行であった。しかしながら、後輩が優れた業績ゆえに抜擢され、先輩より先に昇進し序列が逆転すると、それまで「〇〇君」と呼んでいた後輩を、「〇〇さん」あるいは「〇〇課長」と呼ぶようになる。いわゆる年上部下の立場である。心の中では、「自分のほうが経験があり能力もあるのに、会社はそれを認めてくれない」「自分とこの人（上司）にどんな違いがあるのだろうか」という自分が認められないことに対するコンプレックスや、「この人が立派なのは認める。でも認めるがゆえにかえって自分の力量のなさが悲しい」という気持ちも生まれる。

　上司からみた年上部下は「この人の経験は評価できるのだが、力量としていまひとつ欠けるものがあるな」「尊重しなければいけないのだが、世代も違うし、なれなれしくするのはもってのほかで、気軽な声がけがなかなかできない」「〇〇さんは仕事へのコミットと向上心がいまひとつ欠けるので、同じ仕事を任せるなら、貪欲な若手にしたい」という状況が起きてはいないだろうか。

　上司としては腫れ物を扱うようになり、距離をおく。年上部下からすると

認められてもいないのでいまさら頑張る気持ちになれない。これでは互いが不全感を覚える状態に陥ってしまう。

このような心理モードにある年上部下への対応を考える際に鍵となるのが、マズロー階層モデルの「承認」欲求である。マズローが5つの欲求階層モデルの中で、「他者から尊敬され、仕事に向き合う自信につながることを達成し、それにもとづく高い自己評価をもちたいという欲求。この欲求が阻害されると、劣等感、脱力感、無力感が生まれる」としている欲求だ（本章6節2項参照）。

「尊敬され、評価されたい」という欲求はだれにもあるが、「上司は、自分よりあとからきた人（年下）なのに、自分よりも評価されて上司になっている」という思いは、「その人に比べて、自分はできない」という劣等感につながっている可能性がある。そういう思いがあるところに、上司から、「なぜ、こんなミスするの？ 私だったらそうはしないな。こことここを直してよ。明日までにきっちりと仕上げて」と、若手部下に対するのと同じような口調で指示が出されると、年上部下は情けない思いと無力感に苛まれることになる。上司としても「できることなら尊重したいのだが、仕事をきっちりしていないこの状態では」というジレンマを覚えることだろう。

このような部下の心理的状態を踏まえたうえで、承認欲求にもとづいた部下に対する認知の基盤づくり、そして「方向の明確性」「基準」「責任」「評価・処遇」「チーム意識」の各要素のマネジメント行動について、年上部下を活かしていくためのヒントを記す。

❶尊重する

部下の内面で、認められていないことへの葛藤が生じているようなら、本人がこれまで成し遂げてきたことを認め尊重することがスタートとなる。それは、相手の存在を認め、何に価値をおいているのか（価値観）、そしてその価値観を形成するに至った事情を理解することである。

たとえば、バブル時には「24時間たたかえますか」の宣伝文句が流行したように、事業拡大にあわせて多大な業務量をこなすことが求められ、「時間がかかっても、とにかく仕上げる」ために深夜残業が普通だった。バブル崩壊後は、一転してリストラ・事業縮小モードとなり、余分な業務をそぎ落と

す事態に直面する。それは「時間をかけずに最小の手間で効率よく。余計なことはしない」というものであり、仕事をどう進めるかの考え方が大きく異なることがわかる。いずれも、その時代環境の中で適応していくために自分の内部に培ってきたもので、仕事における信条といってよい。

　その人が、どんな存在なのかを理解しようとする際は、このように、その人のもつ信条やモットーと、それが培われた場面（情景）を聴く。話に耳を傾けることで、その人に対する理解が変わることも多々ある。

❷役割を明確化する（方向の明確性）

　そのうえで、上司は上司の役割（たとえば〇〇マネジャー）、部下は△△担当者というそれぞれの役割を果たすことを基本とするスタンスをつくる。これは、上下の序列意識ではなく、役割分担の意識を形成することを狙いとするものである。上司の成果責任をもとに、上司は何に責任をもっているか、その責任を上司が果たすために、部下には何をどこまでしてほしいかを明らかにする。

　たとえば、部下のほうがつき合いの長い取引先との関係について、部下は「相手をよく知っており、この取引先から購入する商材の値決め交渉も経験しているので、自分で決められる」と思っている一方で、上司は、「値決めの意思決定は、上司でマネジャーである私の役割」と思っているとしよう。先方との交渉の際に、部下が「では、昨年と同じ値段でいきましょう。おたくの部長もこれで納得ですよ。昨年もそうでした」と言ったなら、上司はむっとするだろう。しかも上司が部長から２％ダウンを厳命されていたなら、なおさら「それは私が決めることだ。昨年と今年は環境が違うから、経験をかさに勝手に話を進めるのは了見違いだ」となる。上司と部下の間で、この商談に関して互いの役割認識ができていないと、このような現象が起こりうることから、事前に「取引先との交渉を進める日程どり、必要な過去状況や市況の分析とその資料作成、そして交渉時における価格案づくり」は部下の役割であり、上司の役割は「価格の提示と合意確認」といった意識合わせがあってしかるべきなのだ。

　またこの例の場合、上司の側に上下の序列意識が濃厚であることも、「上司だから私が決めることだ」と本人がむっとする背景にある。第１章で、

「ポストや権限をもつ管理職であること」と「日々、管理職という役割をこなし、管理職をすること」は別物であり、後者のほうが大切であるとしたように、ここでも、「上司である」ことよりも「上司として何をするか」のほうが大事であり、そのために上司の役割は何か、一方で部下は何をするかを設定すべきである。

　ちなみに、暗黙のうちに上下の序列感をつくり出しているものに、部下や後輩を「君」と呼び、上司を「○○課長」という役職名で呼ぶ慣行があげられる。これは1990年代までの日本企業では普通の光景で、そのような企業はいまも少なくない。しかし筆者が2000年代に従事した外資系企業では、相手が上司（その会社の社長や執行役員）であれ、同僚・部下であれ、「○○さん」と呼んでいた。その会社は、ポジションパワーではなく、その人のもつ力量と影響力で仕事をすることを重視し、若くても力量があれば、短い期間でスタッフクラスから課長クラスへ、さらに部長クラスへと昇進していた。このような職場では「さん」のほうが合理的なのだ。

❸情熱をもって成し遂げたいこと（ビジョン）を語る（方向の明確性）

　部下からすると、「存在を認めてもらう」対極にあるのが、「上司の出世のために使われる道具、駒扱い」である。野心的で、いままでにないことを切り開くリーダーは頼もしい存在だが、それが、自分の利益の実現、つまり自分が偉くなるがために実績をあげたい、実績をあげるために部下の手が必要とみなしているのでは、部下は利用されていると強く感じてしまう。昇進という上司の利益のために頑張るのでは寂しい。自分でも何かをしたいという達成欲求や自己実現とは無縁になり、効力感がもてなくなる。

　部下の「なし遂げたい」という達成欲求を満たすには、上司の実現したいことを部下にも賛同してもらい、同化し、「上司の実現したいこと＝部下の実現したいこと」という状態にできれば、部下も頑張ることができ受け入れやすくなる。これは、部下が年上であれ年下であれ同じだが、心理的に「複雑さ」を抱えがちな年上部下ほど、この原則があてはまる。さらに「職場で上下関係にあるのは仕方ない。さりとて主従関係だけで仕えるのは嫌で、露骨に部下として使われるのは嫌だ。できれば私心なきビジョンをもつ上司に賛同して仕事をしている自分がうれしい。そのようにきれいごとで隠してほ

しい」という本音もあるだろう。

　だからこそ、上司は先を見越したビジョンや、こうなったらいいな、という夢を語ることが大切なのだ。年上部下は、多くの上司をみてきた経験がある。これまでの上司とは違うな、と思わせるようにしたい。

❹力を借りる（基準）

　年齢に関係なく、規律をもって高い品質で仕事をすること、成果をあげ組織に貢献することは、だれもが負うべき責任である。年上部下のおおよそは、その領域で経験もあるので、仕事の進め方のノウハウは十分にある。そこで、さらに高い成果を求めるという意欲が薄れている場合はそれを刺激し、仕事に緊張感を失ったりマンネリ化し、どこかに甘えや手抜かりがある場合は、高い質・レベルに戻すことが必要だ。

　ただし、「（その年で）なぜできない」というスタンスで強制すると、指示命令されたことはするが、自律的なコミット（同意）とはならない。もてる力を引き出すには「力を貸してください。○○してもらえると助かります」「○○を実現するために、教えてください」と働きかけるほうが有効だ。また、本人が出した成果がいまひとつと感じた場合は、コーチングの原則である「相手の中に答えがある」というスタンスをとって、「どうすればもっと良い成果があげられるでしょうか」と問いかけるようにする。

　また、本人の中に仕事をこなすノウハウがないこともある。たとえばその部下に担ってもらっているタスク、業務内容がこれまでと畑違いだったり、やったことのない、本人が未習熟な領域では、相手の中には答えはない。その場合は、もう一つのコーチング原則である「ともに、そこにある」へとシフトさせ、一緒になって解決にあたり、その過程でノウハウを学んでもらうようにする。

❺責任をもたせコミットさせる（責任）

　業務遂行にあたり、どのような方策をとるかのすりあわせができたら、実行については、部下の経験や力量を尊重して、「具体的な進め方は任せます」と責任をもたせ、コミットさせる。ただし、本人がその成果をあげているかは必ず報告してもらう。つまり、「任せても報告は受ける」スタンスをとる（第2章3節2項参照）。

❻声がけする（評価・処遇）

　上司からすると、若手部下には声がけしやすいが、年上部下だとつい遠慮してしまいがちだ。また年上部下は、世代の違いから若手人材との会話が成り立ちにくいこともあり孤立しがちだ。そこで上司は意識して「いまはどんなことをしているのですか」「先日のあの話ですが、その後、どうなりましたか」などの言葉がけをして、その人が職場のメンバーとして「ちゃんと存在している」「認められている」という感覚がもてるようにする。それは、年上部下を承認しているというメッセージになるのだ。

❼相手を認める言葉を工夫する（評価・処遇）

　褒めるときに用いる言葉には、「私（I）」と「あなた（You）」の二通りがある。たとえば、もっとも典型的な褒め言葉は「よくやった」だが、これは「あなたが、よくやった」というYouによる褒め言葉で、上位者から下位者に対する言葉としては一般的である。一方、Iによる褒め言葉は、「（良い仕事をしてくれたので、私は）うれしい」という言い方になる。

　また、Youの「よくやった」は、年上部下からすると、上からの目線で褒められているので、「年下のあなたに言われると、かえってむっとする」という反応を呼ぶこともあるが、「（私は）うれしい」と言われると、良い成果について、同列な関係で感じたことを述べているため、「上司もうれしいんだ。そう思ってもらえると、自分もうれしくなる」など素直に反応できる。

　このように、相手によく伝わるのは、Iによる褒め方のほうだ。これは、芳しくない成果のときも同様で、「（あなたの仕事に）問題ある」と言うと、部下からは「何が問題なのか」という反論を呼ぶが、「（問題があることを）残念に思う」とすると、「何が良くなかったのか」という問いかけを部下が自らすることにつながる。

❽後進を育てる役割を担ってもらう（チーム意識）

　本人の知識や経験を若手に伝える、勉強会や改善のための検討会をリードさせるなど、チームに進んで関与してもらうことも有効だ。人生の後半となる40歳以降は「次なる世代づくり」に興味をもつようになり、これができないと停滞感を覚える。そこで次世代の育成という自身が抱えるテーマに取り組み、若手社員への助言や知恵出しの役割を担ってもらう（世代性を育む）。

なお、次なる世代づくりについては、エリクソン（E.H.Erikson）がライフサイクル論で、幼児から老年まで人の生涯についてどのような発達課題があるかを整理しており、40歳から60歳までの成人期では「世代性と停滞」というテーマがあるとしている。「世代性」（生殖性、ジェネラティビティともいう）とは、次の世代を育むことに積極的に関与し関心を高めることで、自分の子どもを育てることや、職場の次の世代を育てることを意味する。世代性をもてない（次世代を育成することに関心がもてない）と、個人的にも社会的にも、停滞してしまう傾向があるとされている。

２．女性の登用

　大学のクラブ活動の中でも保守伝統的で練習もハードといわれる応援部においても、女性の応援団長が生まれているが、企業の採用担当者は、新卒採用面接の時点では明らかな男女差はなく、学業成績、対人コミュニケーション、リーダーシップという点で優れている女子学生は多いと感じているようだ。期待されて入社し、有望な若手社員として活躍する女性も増えている。

　国の調査（「平成25年賃金構造基本統計」）における民間企業・労働者数の女性比率をみると、20歳代までは半数弱だが、年齢層が高まるとともにその割合が低下していき、全体では30％となっている。年齢層と学歴を区切ってみてみると、高卒女子の場合は、年齢層が高まっても同学歴内での男女比率は極端には低下しないが、大卒・大学院卒女子は、入社したての20代前半は同学歴男子と同数程度でも、管理職となる40歳代以降では全学歴同年齢層の５％にも満たない。早くにキャリアを離脱しているのだ。

　企業の課長職以上に占める女性の割合は、日本では2013年度が6.6％（厚生労働省「雇用均等基本調査」）と、他の先進国（アメリカ43.7％、フランス39.4％、ドイツ28.6％（労働政策研究・研修機構「データブック国際労働比較2014」））との乖離が大きい。少子高齢化が進み、労働力人口が減る中で、政府は女性労働力の活用を高め、社会と経済を活性化させるために管理職の女性比率を2020年までに30％に高める目標を掲げている。つまり、管理職のうち３人に１人は女性にしようというのだ。

　女性の管理職への登用を進めるといっても、その力量を備えない人材を数

合わせのために登用しては、いたずらな反発を呼ぶだけである。そのため力量を備えた人材を職場で育てることが必要になる。これは、性別によらず適材を見出し、機会を与えて経験を積ませ、管理職として選抜するという人材育成の実践に尽きるが、入社時点では同じレベルの採用基準を突破した女性社員の多くがキャリアを離脱していく実態を踏まえると、とりわけ大卒・大学院卒女子が退職しないように意識づけしたうえで機会を与え、支援することが必要である。

女性の活用、管理職登用へ向けた地盤づくりとして、次の4点を実践したい。

❶女性の活躍推進の必要性の確認（上司と女性社員本人）

「女性社員を活用する」というのは頭では理解し賛同できたとしても、実際には次のような悩みがあるのではなかろうか。

　①女性自身が責任ある職務に就くことや管理職への昇進を希望していないので、責任ある役割や、成長の機会は他の者に担わせたい
　②せっかく育てても結婚や出産を機に家庭に入るのであれば、仕事のノウハウを教えたり重要な仕事を任せるなどで投資した時間と労力が回収できない
　③出産後も勤務を継続したにしても、育児期間中は短時間勤務になるため重要な仕事が任せられない。また子どもの急な病気などで突然休んだりするので、そのしわ寄せが周囲にいく

まず①について、本人たちが管理職になることを希望していないというのは事実だろうか。産業能率大学の「2014年度新入社員の会社生活調査」では、管理職希望は男女ともに増え、特に女性は2005年に比べて13ポイント増となった（**図表3－3**）。女性全体のほぼ30％、つまり女性社員の3人に1人が管理職に就きたいと願っているのだ。ちなみに男性社員の管理職希望は全体の約50％で2人に1人である。この数値をみると、女性の意識が変化しており、管理職志向が高まっていることがわかる。そうであれば、管理職となりうるような成長に資する機会を女性に与え、指導することも十分に値する。

②は、前掲労働力の実態からは、特に大卒・大学院卒女子の退職が著しいが、本人たちは最初からそうするつもりだったのだろうか。日本能率協会

図表3－3　新入社員の管理職志向の推移

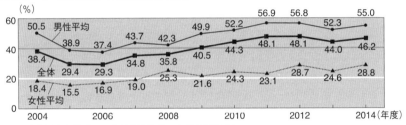

出所：産業能率大学「2014年度新入社員の会社生活調査」

　「2014年度新入社員　会社や社会に対する意識調査」では、「将来子どもが生まれた場合、仕事を続けたいと思うか」に対しては、2014年では「ぜひ続けたい」38％、「続けられる環境がそろえば、続けたい」52％となり、「育児に専念」は5％ほどである。この調査からも、職場が育児に対して支援的であれば、仕事を続けられることになる。職場環境のうち、特に育児の支障になるのが長時間労働である。長時間労働については後述したい。

　③に関しては、仕事の仕方の原則を「時間によらず成果を出してもらう」ようにし（次節参照）、在宅勤務やフレックスな労働時間が会社の仕組みとしてあるならそれを活用する。会社としての仕組みがむずかしい場合は、運用として早めに帰宅するが子どもが寝たあとに自宅で作業を行なうことを容認するなども方法としてあげられる。また、育児中は子どもの急な病気や異変などへの対応で業務が滞ることが生じがちだが、その真因は、仕事がブラックボックス化していることにあるのではないか。仕事の手順書をつくっておく、周囲に自分の仕事の状況を見える化する、ペアを組む人を決めてジョブシェアリングするなどの対応策を取り入れている企業もある。

❷期待の明確化と機会づくり

　他者からの期待に応えようとする他者志向動機が強いほど、その効果があるという実験結果がある。たとえば、教師が「あなたはできる子だ」と前向きな期待の言葉を生徒にかけることで、それまで芳しくなかった成績が向上することが1960年代の教育現場で実験・検証されている。このように、前向きの期待をかけると実際にそのとおりになることを「ピグマリオン効果」といい、女性のほうがその傾向があるようだ（「大学生の日常的な感謝感情

および感謝された経験と他者志向的達成動機」伊藤忠弘（『動機づけ研究の最前線』上淵寿編著））。シドニー五輪の女子マラソン金メダリスト高橋尚子氏がしばしば「監督の期待に応え恩返ししたい」「みなさんの応援に応えたい」と語っていたように、女性社員のほうが期待をかけて機会を与えれば、それに応えようと頑張り、それを実現させようとする。逆の見方をするなら、これまで管理職になる女性が少なかったのは、「女性は管理職としての成長は期待されないから、本人たちも管理職になろうとはしなかった」ということかもしれない。このようなネガティブな期待による効果実現を「ゴーレム効果」ともいう。

では、どう期待をかけたらいいのか。「管理職として登用する」というストレッチなテーマを実現するとしたら、乗り越えなければならない大きなハードルが育児期間の勤務だ。これを見越し、30歳代前半で出産育児期間に入ると仮定するなら、それまでにリーダー的な役割をこなし一定の評価と評判を得ることを目標とする。そしてこの目標実現のために、入社して5年めくらいまでには担当者として優秀であることを証明し、8～10年めまではだれかをリードする、あるいはリードするために仕事の指示のもとになる企画や仕様を定める仕事をさせ、その人が組織に欠かせないという評判をつくる。この育成についての時間感覚は、課長級管理職になるのが早くて30歳代半ばであることを考えると、そのスピード感覚と同じだ。つまり、優秀な若手男性と同じトラック、土俵で競わせるのだ。

担当者レベルで優秀であることを証する段階では、こなしてほしい仕事について、どのレベルのアウトプットを求めるのか、そのためにどんな手順で仕事を進めるのか、上司や他者からどのような支援が必要か、何を学ぶべきかを伝えて取り組ませる。そして一定期間後にその仕事のどこがうまくいっていて、改善すべきことは何かをフィードバックする。これらはマネジメント行動の原則である（「方向性を示し、役割分担を決めて、期待されるアウトプットと仕事の進め方を決める」～「機会と権限を与え、挑戦させる」に該当）。

さらにリーダーとしての役割では、複数の人がかかわる大きな仕事の領域を委ね、「自分一人ですべてができるわけではない。他の人の知恵と時間

を使うにはどうしたらいいか」を経験させて、「リーダーシップとは、自分一人の力では不可能なことを、周囲を巻き込み動機づけ、みなの力を合わせることで成し遂げること」だと、体得させる（「マネジメント行動の権限委譲」に該当）。

❸公正な評価と助言

　このように取り組んだ結果についての評価とフィードバックの原則は、「公正」と「見守り」である。たとえば、男性だと少々は目をつむるのに、相手が女性だと、少しでも欠けるところがあるとそれを批判の的としていないだろうか。あるいは、高い期待をかけて引き上げたという意識があると、その期待どおりの成果になっているはずだという評価バイアスがかかり、甘めの評価になることもある。それでは、周囲にはアンフェア、逆差別と映るので、成果を公正に評価するという原則を守ることが不可欠である。

❹ネットワーク形成への支援

　管理職への昇進昇格のルールは各社各様だ。過去の人事考課、論文試験、経営幹部面接、社外専門機関によるアセスメントなどがあげられるが、共通することは、経営幹部や人事など意思決定にあたる人たちから「あの人はいいね」と言ってもらえるかである。そこで、経営幹部や人事に対して仕事の機会を通じて「できる部下」としてアピールし、実際に一緒に仕事をする、横断的な会議で互いがふれる機会をつくるなど、正式な昇進昇格審査の前に地ならしをさせる必要がある。

　社長や役員が問題意識をもって女性登用を先導する企業も増えており、経営トップ層がそういう意識であれば、社内でも女性を引き上げることに理解のある幹部層も多い。ただし、そのような幹部層は人をみる独自の高い基準をもっているので、そのめがねにかなうような人材として育て上げるという緊張感は欠かせない。

　また、女性管理職登用の障害として、「身近なところ（自組織内、社内）に模範、ロールモデルとなる人がいないのでキャリア目標を女性社員がもちにくい」ことがあげられるため、社内外研修や他社合同の打ち合わせなどの機会を積極的に活用したい。社内他部門や社外の人にふれ、自組織内では得られない情報を得たり、人脈をつくることは、本人が成長するうえでもプラ

スとなる。また、さらに上位の役割を担うには、社外人脈づくりは大切な要件となる。

　ただし、単に経営幹部との会議に同席、あるいは社外研修に出席すれば、すぐに人脈が形成できるわけではない。社内であれ社外であれ一度得た知遇を継続するには、ギブアンドテイク、すなわち相手に何か付加価値ある情報をもたらすことができるかが原則である。そのため、このような人脈を維持するには、本人が相手に語れるものを常にアップデートして蓄積していく必要がある。それは本人の刺激になるはずであり、十分認識してもらうことが前提となる。

4. 組織のマネジメント

1. 長時間労働への対応

　出産後も継続して勤務するうえでの壁となるのが、長時間労働だといわれる。統計的には時間外労働時間数が多いのは男性の20歳代後半から30歳代で（「賃金構造基本統計」）、ちょうど育児の大変な時期と重なる。夫の長時間の労働を優先するために妻が短時間勤務を選択して子どもの世話をする、あるいは子どもを託せる場所がみつからないのでキャリアから降りて専業主婦となるケースは少なくない。今後は介護に直面する者も増えてくることから、自らの部署の長時間労働解消にも取り組んでほしい。以下は、その一例である。
〔時間内の成果で競う〕
　時間内に終えるという生産性の意識を強め、労働時間短縮、時間外労働を減らす工夫をしたい。そのひとつが、仕事の仕方のルールや前提を変えることである。勝ち負けがつくまで何時間もかけるのではなく、決まった時間内で得点を競うサッカーのように、終業時間までに密度の濃い仕事をして、時間になったら退社する。これは、意識だけでなく生産性、労働コストにも大きな影響を与える。たとえば月当たり賃金が30万円、所定労働時間が160時間（8時間／日×20日）、時間外労働が20時間（毎日1時間残業）、割増率が

25％としよう。この場合の時間外手当込み給与は34万7000円だが、残業を毎日30分短縮したなら、月当たり時間外労働は10時間、時間外手当込みの給与は32万3000円となり7％減る。近年の賃上げは2％前後だが、3年分の賃上げコストと同じだけのインパクトが、この労働時間適正化にはあるのだ。

　管理者というより、経営者の意識で、投下した労働とコストに対して最大の成果を求めるスタンスをとると、労働時間の適正化は経営数値的な意義をもつ（当然、サービス残業を強要するのではなく、時間内に終えられるような工夫がともなう）。

〔会議運営の工夫〕

　労働時間を長くしがちなものに、会議の運営もある。時間どおりに始め、終わる。情報共有ではなく意思決定の場とする。そのためには、ただ聞くだけの人は参加させず、発言する必要のある人だけに参加者を絞る。会議では時間がきたら必ず結論を出すなどを実践する（**図表３－４**）。

〔生産性を意識した仕事の方向づけ〕

　「まずはやってみろ」と部下に思考させて、そこに赤を入れるやり方をとることがあるが、これが長時間労働のもととなる。いつまでに、どのようなアウトプットを出すのか、そのためにどのような手順で何をしていくのかを明らかにすること、つまり仕事の目的を明確にして段取りをつけることが大原則で、ここがしっかりしていないと、部下は何をどうしたらよいのかわからず長考し、方向違いの労力と時間をかけることになる。

　仕事とは成果を出すための取り組みであり、部下に成果をあげさせることが上司であり管理者の役目である。安直な「まずはやってみろ」は、上司としての仕事をしていないのと同じだ。また、何をしてほしいかを明示することなく、「うまく善処して」などのあいまいな指示も同様だ。部下の労働は１時間当たりいくらのコストなのか、そのコストに見合った成果をあげるにはどうしたらいいのかという発想を上司も部下本人も身につける必要がある。

　たとえば、大手電機や自動車会社の場合、単体での現金報酬コスト（給与と賞与の総額）と売上高の対比をみると、報酬１円当たり10円から20円の売上高となっている。月の給与が30万円、労働時間160時間の場合で、１時間当たり賃金は1900円ほどとなる。この場合、先ほどの売上高対比でいくと、

図表3-4　会議運営の工夫

	概要	ポイント
会議の前に	会議の議題予定表をつくり、必要な準備を求める	・議題表に入れるべき各議題について、どのようなプロセスなのか（例：説明、討論、合意）と時間（例：10:00～10:30）を入れる ・優先順位の高いものから議題にする ・制限時間を設ける。特に説明のみ、討論のみの場合は厳格に時間を設定し守る
	参加者の決定	・その会議で出したい成果（意思決定）に必要な人に絞る ・情報共有だけの人へは別の報告方法を使う
会議運営	時間どおりに始める	・時間に遅れてきた人には、「この会議は時間どおりに始まるので、そのとおりに参加すべき」点に気づかせる
	議題と時間の説明	・この会議では、何をテーマに、どのような時間配分で行なうかの確認と同意づくり
	効果的な運営に必要な役割を定める	・議事録の作成と時間管理を務める書記係を決め、時間進行が遅れている場合は告げてもらうようにする
	議題予定表どおりの進行となるようにガイドする	・議題から外れたり、特定事項のみに偏ったり、そのために時間を使いすぎている場合は、それをはっきりと告げて「軌道に乗せる」 ・議論を引っかき回したり、特定の方向に引っぱる人がいたら、何が問題かを聞く、協力を要請する、その発言がどのような影響を出席者にもたらしているかを伝え、修正する
	まとめとフォローアップ	・会議の終わりに「まとめ」の時間をとる。何がうまくできたか、どんな問題が明らかとなったか、グループとして進めるために自分は何ができるか、を議論し、予定どおりの時間に終える ・議事録と会議で合意した作業分担と期限について、会議終了後、できるだけ速やかに出席者全員に配布する
運営のヒント：効果的なコミュニケーション		・傾聴する／質問する／意思統一する／意見を集約する／要約する

1時間当たり1万9000～3万8000円の売上相当の仕事ということになる。それだけの仕事をしているのか、そうでなければ他の職場であげている生産性を削ぐような無駄な仕事をさせていることになる。

2. 組織風土の改善

　どのようなリーダーシップ行動がどのような組織風土をつくり出すかについては前述のとおりだが、多様なリーダーシップの型を発揮し、良い組織風土をつくることに成功したとしよう。それでも、次の年度に他社に市場と顧

客を奪われることもあれば、配下の優秀な部下がよその部署の管理職へと昇進していき、代わりに若手が入って戦力が大きく落ちることもある。このようにマネジメントする環境やメンバーの顔ぶれは変化する。いわば一期一会である。たとえ自分の務めるポストは同じでも、メンバーが変わり組織が変わると、それまでとは異なるリーダーシップ行動が必要となる。また、メンバー構成が同じで成果があがっていても、さらなるチャレンジを求めなければ、組織としての活力と各人のモチベーションを維持できないこともある。

　筆者はある企業で、リーダーシップスタイルと組織風土について、リーダー研修を通じて継続調査したことがある。約2年ほどのインターバルで、300人ほどの管理職が同じ調査を受けたが、その中で、大きく組織風土が改善したマネジャーたちと、その逆に大きく悪化したマネジャーたちが、おおむね1割ほどいた。この会社ではもっとも人員数の多い営業部門を中心に定期異動が行なわれており、上司と部下の組み合わせが変化する場合も多い。

　まず、組織風土が大きく改善したマネジャーたちのケースを紹介する。リーダーシップスタイルと組織風土は**図表3－5**に示す変化が起きていた。

　このマネジャーたちがどのような環境におかれ、どのように組織をマネージしていたかをまとめると、以下のとおりとなる。

〔組織やメンバーの状況〕

◆メンバーはおおむね同じで、部下と管理職本人の相互理解が高まる（同じメンバーと仕事する経験や時間が長くなる）：85％

◆運営しやすい組織メンバーに変わる（むずかしい部下がいなくなる、性別や経験など似た属性のメンバーだけになる）：8％

◆異動で新しい組織を担当するため、意識してマネジメントにあたる：8％

〔どのような手を打ったか〕

◆多様なスタイルをバランスよく使う：25％

◆個別コミュニケーションの充実（個別に話す、理解を得る、指導助言するなど）：25％

◆組織の方向性と各人の目標を示す（ビジョン型を高める）：19％

◆役割分担を見直す、権限を与える：19％

◆労働負荷を減らす：6％

図表3－5　組織風土の高まり

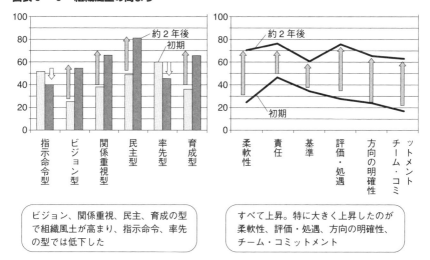

ビジョン、関係重視、民主、育成の型で組織風土が高まり、指示命令、率先の型では低下した

すべて上昇。特に大きく上昇したのが柔軟性、評価・処遇、方向の明確性、チーム・コミットメント

◆仕事の見える化など、業務方法を工夫する：6％

　組織風土が大きく改善したケースでは、配下のメンバー構成におおむね変化はないが、メンバーに対して、より適切なマネジメント行動がとられている。その1つが、リーダーシップスタイルのビジョン型、関係重視型、民主型、育成型のスタイルを強める一方で、指示命令型と率先型は抑えるなど、どれかのスタイルに依拠するのではなく、多様なスタイルをバランスよく使うことである。2つめが、1対1のコミュニケーションを密にとる（スタイルとしては関係重視型、民主型、育成型）とともに、1対多数のコミュニケーションでは組織の方向性と各人の目標を示すビジョン型を強める、権限を与えるなどである。このような行動をとることで2年で30ポイントも大きく組織風土が高まり、組織活力を高めている。これは、良い組織風土をつくり出すために具体的に何をすべきかの良い事例として理解いただきたい。

　その逆のケースも起きている。興味深いことに同じ企業で組織風土が悪くなったマネジャーもまったく同じ割合で存在している。このマネジャーたちがどのような環境で、どのように組織をマネージしていたかは、以下のとおりである（図表3－6）。

〔組織やメンバーの状況〕
◆異動やメンバーの変化でむずかしい部下がいる、増えた：33%
◆運営の核となる頼れる人材（直下のリーダーや中堅）がいない：20%
◆異動して、異なる組織を任された：20%
◆異動後の組織は優秀なメンバーがいると定評があり、管理する必要がないと思い任せている：7%
◆異動前の組織で成功したやり方を踏襲し反発された：7%
◆メンバーの異動などで多様性が増した（年齢・経験、性別など）：7%
◆特に変化なし：7%

〔よくなかった点〕
◆部下を放任してしまった：27%
◆頼れる部下がいない、あるいは状況が厳しく、自らプレイヤーとして動いたり、指示命令を直接することが増えた：27%
◆異なる組織を任され、ビジョンを示せていない：20%
◆以前に比べリーダーシップを発揮できていない（原因：マンネリ、ピークを越えた、燃え尽き、自身の家族状況負荷など）：13%

図表3－6　組織風土の低下

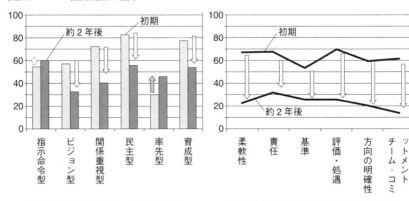

ビジョン、関係重視、民主、育成の型で組織風土が低下し、(指示命令)、率先の型で高まった

すべて低下。特に大きく低下したのが柔軟性、評価・処遇、方向の明確性、チーム・コミットメント

◆部下間の反目、チーム内の不和をマネジメントできてきない：7％
◆むずかしい部下をマネジメントできていない：7％

　組織風土が大きく改善したマネジャーたちの「組織やメンバーの状況」はある程度似ていたが、組織風土が低下したマネジャーの事情はさまざまで、複雑になっている。

　この企業でのリーダー研修においては、すべてのマネジャーたちに個別面談を行なった。組織風土が落ちたマネジャーたちは、ショックではあるがその事実を受け入れ、マネジメント行動の原則（方向性を明示する、役割を明瞭にする、目標達成を促す、任せることは任せる、それぞれの力を認め考えを採用する、個別にコミュニケーションして指導や助言をする）を意識して取り組むよう自らの改善アクションをつくり、実行することに合意した。それは、組織風土が改善したケースのマネジャーたちが行なっていたものでもあり、励みになるとともに良い模範となった。

5. 海外でのマネジメント行動

　自社事業のグローバル展開のために、現地ビジネスの組織運営の要として海外の最前線に立ち、海外現地法人の経営幹部職として本国と連携してビジネスを進めているのが海外駐在員マネジャーである。経済産業省「海外事業活動基本調査」の海外現地法人における従業員数や総務省「労働力調査」をみると、海外で働く従業員の数は、日本企業の海外展開に歩調を合わせて増えている。

　そこで、グローバルにビジネスを展開するにあたり、海外拠点におけるリーダーたちはいま、どのように組織と部下たちをマネジメントしているのか、そして今後、より良いマネジメントを行なうために必要なことは何かを整理したい。

　以下は、複数の日本企業の「海外拠点のリーダーである海外駐在員」「ローカル幹部社員」「日本本国の経営幹部」約200人について、リーダー行

動を調査した2010年ごろのデータをもとにしている（**図表3－7参照**）。その内訳は本国（日本）の事業部長・部長・次長クラス（グラフでは「日本人・本国」）が約40％、海外現地法人の役員や部門統括ポストに就いている日本人駐在員（同、「海外駐在員」）が約35％、海外現地法人の役員や部門統括ポストに就いている現地人材社員（同、「ローカル幹部社員」）が約25％（内訳は欧米系人材が約8割、アジア系人材が約2割）である。数値は世界各国で約6万人以上のリーダーに対する調査データにおけるパーセンタイル値を示しており、この母集団の中で100を最高として相対化したものである。

　海外拠点リーダーである海外駐在員とローカル幹部社員は現地でどのような行動をとっているのか。また、異なる文化や環境下におかれる海外駐在員が本国と同じリーダー行動をとるのか、あるいはローカル幹部社員と日本本国の経営幹部とでは、どちらのリーダー行動がより有効なのだろうか。

1．リーダーシップスタイルの特性

　海外駐在員の場合、日本本国の経営幹部やローカル幹部社員と対比して、指示命令型が若干高く、率先型はほぼ全体並みで、それ以外の4つの型は低くなるという特性を示している。すなわち、①赴任期間が限られているためか、あるいは本国からのコントロールにより部分的・戦術的な行動をとるためか、統括する組織について長期的な方向性を示したり、ベクトルを合わせる行動が少ない（低いビジョン型）、②言語の違いで微妙なニュアンスを伝えきれないためか、現地の部下たちとの何気ない対話そのものに躊躇する、あるいは現地人材たちは仕事とプライベートは別と考える傾向があり仕事以外の対話をする必要はないと決め込むためか、対話は仕事の命令だけとなる（低い関係重視型）、③本国からの重要情報を開示できない、あるいは現地人材の力量がまだ低く任せるレベルにないので、その意見に耳を傾けず、自分で決めてしまう（低い民主型）、④赴任期間が短いため、あるいは現地人材の成長への期待を強くもてないためか、部下の長期的な能力開発の取り組みも強くはない（やや低い育成型）。

　本国の日本人経営幹部たちと対比すると、上述した傾向がより強まり、ビジョン型、関係重視型、民主型、育成型の4つのリーダーシップスタイルが

図表 3-7 リーダーシップスタイルと組織風土の特性

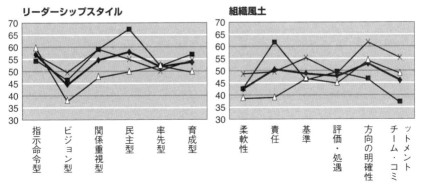

低位となる一方、指示命令型が若干高くなっている。

そもそも駐在員たちはそういう特性を本国でも示していた人材であり、それが海外で強く出たのだろうか。それとも海外という異なる環境下におかれたため、本国とは異なるリーダー行動をとるようになったのだろうか。

社会心理学者のレビン（K.Lewin）は、人の行動は本人のもつ個人特性と、本人のおかれた環境の双方の変数で決まるとし、「人の行動＝ f（個人特性、環境）」で表わしている。筆者もその立場である。駐在員たちは異なる環境下におかれたために本国とは異なる行動をとるようになったと解釈したい。

では、このような駐在員リーダーたちの行動は組織にどのような影響をもたらしているのだろうか。経営幹部の属性別に組織風土の結果を示したものが図表3-7の「組織風土」である。

駐在員マネジャーの場合、全平均との対比では4つの項目で低位となり、「責任」と「柔軟性」が特に低くなっている。ローカルの部下たちが、細かい指示命令は受けるが重要な意思決定に関与させてもらえない（任せてもらえていない）、上位組織のルールによりコントロールされていると感じていることを示している。

リーダーシップスタイルと合わせて整理すると、駐在員マネジャーたちは、「海外という異なる環境におかれ、仕事観の違い、言語の壁（微妙なニュアンス）がある中で、本社の重要情報を部下たちに伝えきれず、仕事も

任せられない。しかしながら本国から実績は求められる」という状況で、組織風土の「方向の明確性」と「チーム・コミットメント」が全平均並みである点から判断して、「部下に期待されている役割は何かを伝え、なんとかチームとしての一体感を保とう」と孤軍奮闘しているといえよう。

一方、ローカルの部下たちは、「本国からの駐在員上司は大変そうだが、話は仕事の指示のみで、それ以外の対話はない。また次も日本人が本国からこのポストにくるので、それまでやりすごすか」という冷めた反応をしている可能性がある。

2．駐在員派遣における課題とリスク

日本企業が海外に駐在員を送り出す際にみられる課題とリスクを整理したい。

❶マネジメント経験が足りないままの赴任

駐在員を派遣する際に日本（本国）では課長ポストだった人を海外派遣先の現地法人では本部長にする、あるいは本国では非管理職者を現地では管理職ポストに就けるなど、本国より一階層上の職務に就けることが日本企業では多くみられる。それは、マネジメント経験を積み一回り大きく成長する機会となる一方で、その機会をうまく活かせない場合もありえる。

本国でマネジメント経験がないまま赴任すると、プレイヤーとしての行動をとってしまい、マネジャーとしての行動である「方針・目標を示したうえで部下に権限を与えて仕事をさせ、必要なコミュニケーションをとり動機づけること」がうまくできない可能性がある。

あるいは第一線マネジャーの課長職が現地で一階層上の部長職に就いた場合には、本国と同じように第一線マネジャーとしての行動をとり、直接、部下に指示して組織を統括してしまいがちだ。部長職は「マネジャーのマネジャー」であり、自分がすべての部下に指示をして統括するのではなく、配下のマネジャーと信頼関係をつくり、組織的な指示や統括は、そのマネジャーを通じて行なうべきである。配下のマネジャーを介さずに直接の指示を現地スタッフにすると、マネジャーは「自分は信頼されていない」と思うか、「自分のできる領域は小さい」と感じてしまうものだ。

ポストや役割に応じて求められるマネジメント行動が違うことを理解して、現地でマネジメントすることが必要である。

❷駐在員のケアとメンタルヘルス不全対応

大きなリスクとして駐在員自身のメンタルヘルス面もあげられる。本国とは違う環境下におかれ、任せられる部下や気軽に会話できる相手が少ない中で、責任感が強い人ほど、無理をしてすべての仕事を自分でこなすうちに不適応状態に陥る。それも着任後、半年から1年以内に急に発症する場合が多い。

予防策として、会社が駐在員向けにメンタルヘルスのサポートをしている場合は、定期健康診断を受けるのと同じような気持ちで受けさせることをお勧めする。また、「駐在員本人は異なる環境下で孤軍奮闘するが、ローカルの部下たちは、そのうち次の人がくるのでやりすごそうと冷めた目でみている」という状況に陥りがちなので、本国の上司や関係者が仕事の指示命令や叱咤激励だけでなく、本人を理解しケアするコミュニケーションをとることも重要である。

なお、この領域での支援が必要と思われる場合は、専門的サービスを提供している組織・機関の助言と支援を求めることをおすすめする。

❸ローカル優秀者の流出回避

傾向として駐在員マネジャーの統括する組織にいる現地の部下たちは「自分たちには任せてもらえない」と感じていることを述べたが、このことは現地人材が「（任せてもらえないのなら）もっと自分が活躍できる場所を他に求める」という行動をとる可能性を示唆している。特に優秀人材が他社へと転出してしまうことは大きなリスクとして認識する必要がある。

成長市場や人材争奪が起こっている労働市場では流出リスクが高いので、引き止めるべきタレントのリストをつくり、重要な研修やプロジェクトに関与させる、本国への研修機会をつくり、その現地法人の中だけでなく、本国・本社も含め活躍する可能性があるフィールドは広いことや、他国・他地域の人たちの人的ネットワークをつくるなどの取り組みが必要である。また、優秀人材が抜けた穴をどうサポートするかなど体制の移行プランをつくったうえで対応することも、育成のための異動には欠かせない。

3. 駐在員マネジャーのとるべきマネジメント行動

　これらの課題とリスクを踏まえ、駐在員マネジャーたちがとるべき行動を整理すると以下のとおりである。
❶積極的な関心とネガティブな思い込みの排除
　異なる文化の地域に赴任する駐在員マネジャーがぶつかる最初の壁が、仕事や人生観の違いであることが多い。「なぜ日本で普通のことが、この国では普通でないのか」「ローカル社員の仕事の精度が高くない」「ローカル社員は仕事よりも家族を大切にするので、残業は頼めない」などのぼやきをよく聞く。そのような中、海外へ赴任して「良い経験をした」と感じている人に共通するのが、「国によらず共通する良い点や原則がある」「この国の人たちの良い点は…」と前向き（ポジティブ）に赴任先の人々、地域文化に接している点である。「ここは日本とは違う文化だから、無理だ」とネガティブにとらえるのとは逆のスタンスである。国は違っても、ネガティブに見下されたり、理解できないという態度で接する相手には嫌な思いを抱き、冷淡な態度で返すことは、共通の反応であろう。
　「積極的な関心」（Positive Regard）とは、ロジャース（Carl Rogers）が提唱した良いカウンセリングの原則のひとつで、相手をありのまま受け入れるというものだ。マクレランドが明らかにしたアメリカ国務省職員が備える行動特性のひとつ「他者に前向きな期待を寄せて接する力」と同義である。
❷リーダー行動の原則どおりの実行
　海外という異なる環境であっても、「組織の方向性を示し、協働できる体制をつくり、メンバーを動機づける」という組織リーダーの基本的役割が変わるわけではない。よく発言する欧米系の人たちをまねて、リーダーとして目立つように普段の自分にはない奇をてらった派手なパフォーマンスをする必要もない。赴任先で着実に仕事を進め成果をあげているリーダーに共通する点を3つあげたい。
　1つめは、「自組織のミッション」とは何か、自組織の進む方向性を組織ビジョンや目標として示し、それを組織として実現するために、各人に「期待する役割と具体的な役割分担」を明らかにしていることである。2つめ

が、その役割に沿って、高い質の仕事ができているか、あるいはさらに高いレベルへと挑戦し、改善するという「仕事の基準を保ち、高める」ようにしていることである。そして3つめが、これらの取り組みをメンバー各人がばらばらではなく、またお互いに支援するなど協働して「チームとしての一体感」をつくり上げることである。

❸仕事だけでなく、プライベートでの接点をもつ

　仕事とプライベートを割り切るのが、特に欧米地域や中華圏では普通だとされている。そのため、「職場以外の場所でコミュニケーションをはかることはタブーだ」と思っている人がいるかもしれないが、そのようなプライベートを大切にする人たちでさえ、ランチなどのインフォーマルな場での仕事仲間との会話を大切にしている。

　職場での会話は、日々の仕事をどうこなすかが主な文脈であり、その際、上司の念頭にあるのは「部下を資源としてどう使うか」であろう。この意図が強いと、部下は「上司は、自分を道具扱いしている」と受けとめがちだ。部下に対して経済合理性で理性的に、「労力を提供して、その見返りに報酬を得ることが働くこと」だと割り切るだけでは、組織や集団に属したい欲求をもつ「人」はやりきれない。

　先述の「積極的な関心」とは、相手を道具やモノ（資源）としてとらえるのではなく、人としての存在を認めるということでもある。相手の人となりは、仕事の場面だけではとらえきれず、少し羽目をはずして楽しむという場面を通じて得られるものも大きい。あるいは、そういう場面で、上司の意外な一面に親近感を抱くこともある。そのためか、チームをうまくまとめている駐在員は、終業後や週末に社外で、ローカル社員との交流（バーベキューやスポーツなど）をいとわず、自身も楽しんでそれを実行している。

❹広いネットワーク形成の機会を部下に与える

　マネジャーと部下の違いのひとつに、情報の量と質をあげることができる。加えて、本国から赴任してきた駐在員マネジャーは、現地法人の社員にはない本国や他国の法人との人脈やネットワークがある。概して、現地採用の人材にとって仕事のうえで情報をやりとりする相手は、勤め先の現地法人の中だけなど、限定的なものとなりやすい。そのため仕事のスケール感や社

内でのキャリアの可能性も限定的にとらえがちで「自分はグローバルにビジネスを展開している会社に入ったつもりで、一国だけに事業活動が閉ざされているいまの会社を希望したわけではない」と感じることになりかねない。

　マネジャーからローカル社員に日本の本社や他国現地法人も含めて自社グループ内での広い人脈とネットワークから得られる情報を与える、あるいはそういう機会を意図的に設定できれば、彼ら彼女らは、グローバルに展開しているグループ会社に勤めていることを実感できるだろう。具体的には本国と協働してプロジェクトを企画する、他国現地法人の社員も含めた域内での研修を行ない、多様な人材にふれるようにするなどは、駐在員マネジャーならではの役割である。実際に域内研修に参加した現地採用のローカル社員からは、「本国からの人や、他国法人から参加した人に会えて、この会社にはいろいろな人がいることがわかった」「他国法人の参加者の発言や言動は刺激になる」という声が聞かれる。

6. 危機時のマネジメント行動

　阪神・淡路大震災、東日本大震災など大きな地震が相次ぎ、今後も大きな地震が起きる可能性はぬぐいきれない。また、過去に遭遇したことのないような豪雨による災害も頻発している。このような大災害や危機の場面では、平時におけるリーダーの原則的行動である「ビジョンに沿って高い目標や仕事の基準を示し、それにチャレンジするように社員を鼓舞する」働きかけは、必ずしも有効ではない。

１. リーダーがとるべき行動
　大災害などに遭遇したときに有効と思われる行動は以下の３点である。どれも絆を固くすることにつながる。
〔共感〕（Empathy）
　まず、リーダーは配下にいる社員の「生存・存在」そのものに配慮し、彼

ら彼女らがいま体験していることを理解する「共感」を発揮する。
◆メンバーがどのようなことを考えているかを理解する
◆何が社員やメンバーの不安のもとになっているかを理解する
◆メンバーが、何を知っていて、何を知りたいと思っているか、その双方と現状とのギャップを把握する

〔情報共有・交換の場づくり〕
　次に、情報共有・交換の場を高い頻度で設ける。危機においてさまざまな不安を覚える中では、リーダーが「そばにいる」と感じられることが安心感につながる。また、社員が必要とする情報を共有し、それぞれがもつ不安や意見を出し合うことは、互いが互いを支え連帯感を強める場づくりとなる。社員のモラールを保ち、社内で何が起こっているかの情報を行き届かせるためにも、通常以上にその頻度を高めたい。不安を抱える心理状況下では詳細を欠く情報に接すると、いたずらな流言や噂となり、いっそうの不安を引き起こしかねないので、そのような事態の抑止にもつながる。

◆リーダーは、その場に「居る」あるいは「見える」ようにすること。電子メールの情報発信だけでなく、直接話しかける、あるいは対話する
◆自宅待機などで物理的に社員を集めた会議がむずかしい、あるいは多数の社員や遠隔地の社員へのコミュニケーションが必要な場合には、テレビ会議やビデオ収録したものなどでリーダーの言葉を伝える。その際には、無理に社員を安心させようとはせず、社内で起きていることについて、リーダーが知っていること、知らないことを思いやりをもって誠実に説明する

〔主体的な取り組み（Initiative）の奨励〕
　3つめとして、「復興支援○○運動」のような主体的取り組みを奨励し明日への展望につなげる。
◆「明日」につながる、社員が「きょう」あるいは「いま」できる取り組みは何かを明らかにする
◆すでに予定されているアクションプラン（混乱などに際して物事を正し、また前に進めるような取り組み）は、その情報を周知し共有する
◆物事をより良くするために取り組んでいることがあれば、それをストーリーにして説明する。伝達事項や箇条書き文書のような形ではなく、背景

や状況、だれが何をどのように実行しているかを語ることで、果敢に取り組む人たちの情景が伝わり、聞く人の励みとなる

2. 危機的状況下におけるモチベーション維持
❶平時のリーダー行動原則はなぜ効かないのか

　平時のリーダー行動原則である「高い目標や仕事にチャレンジするように促す」が危機的状況下ではあまり有効ではなく、上記「共感」「情報共有・交換の場づくり」「主体的な取り組みの奨励」がなぜ有効なのか、モチベーションの観点から補足説明したい。

　マズローの欲求階層説では、飲みたい・食べたいなどの生存に不可欠な「生理的欲求」が満たされることで、次の欲求である、災害や不安から身を守ろうとする「安全欲求」へ、さらに、他者との友好関係や集団への所属、連帯を求める「所属と愛情の欲求」、他者から認められ尊敬されたい「自尊欲求」、最後に、理想的な自分になりたい、生きがいを追求したい「自己実現欲求」へと、5つの階層を経ることで、モチベーションが保たれ高まるとしている。

　東日本大震災時もその後の余震、物流・交通手段の不全、計画停電など、非日常的な状況が続く中で、人々はその生存そのものに対する不安や怯えから解放されず、仕事に没頭しようにも腰が据えられない状態にあった。これは、人々のもつ「安全欲求」が満たされず、また、そのような不安の中で集団への所属・連帯を求め「所属と愛情の欲求」を満たそうとしている状況であったといえる。

　この欲求状況に照らし合わせると、先ほどあげた「共感」「情報共有・交換の場づくり」は、安全欲求と所属欲求を直接的に満たす行動、「主体的取り組みの奨励」は、社内で起きているポジティブで前向きな取り組みの情報をもたらすことで不安感を解消し安全欲求を満たす行動、となる。また、そのように頑張っている人たちが周囲にいることが励みとなり、この集団・組織に属していてよかったという満足感が所属欲求を満たすことにつながる。

　一方で、これらの欲求が満たされない中では、次の高い階層の欲求である、良い仕事をして上司や周囲から認められる「自尊欲求」と、さらに高次

の「自己実現欲求」へは進めない。この2つの欲求は、高い目標や仕事にチャレンジし、達成することで得られる満足感を求めるもので、リーダーがビジョンに沿って高い目標や仕事の基準を示し、それにチャレンジするように社員を鼓舞することが、この欲求を満たす有効なリーダー行動となる。危機下でこの2つの欲求まで進めない中では、リーダー行動はあまり機能せず必ずしも有効ではない。

　また、マズローの理論を修正したアルダーファー（C.P.Alderfer）は、生物としての飢えや乾きからの安全や賃金・雇用の保証、安全な職場環境への欲求を「生存」（Existence）、同僚や上司、友人、家族など自分にとって重要な人との関係を良好に保つ欲求を「関係」（Relatedness）、自己の成長や充実、能力の十分な発揮を求める欲求を「成長」（Growth）とする。それらは頭文字をとってERG理論と呼ばれ、「生存」が満たされたのちに「関係」へ、その後に「成長」へとモチベーションの源泉が変わる点はマズローの欲求階層説と同様である。この説を援用すると、共感、情報共有・交換の場づくり、主体的な取り組みの奨励の3つの行動は、「生存」と「関係」の欲求を満たすものといえる。

❷リーダーのモチベーション

　ところでリーダー自身のモチベーションはどうなのだろうか。マクレランドの動機理論をもとに考察したい。マクレランドの動機には、「達成動機」（より良い方法で基準を凌ぎたい、良い成果をあげたい）、「親和動機」（友好的な人間関係をつくり維持したい）、「パワー動機」（相手に印象づけたり、影響あるいは支援を与えたい）の3種類があり、ヘイグループに蓄積された企業のリーダー人材の測定結果では、達成動機あるいはパワー動機のいずれか、ないし双方は高いが、親和動機が低い形状を示すリーダーが多いことが見出されている。**図表3－8**はそのような動機プロファイルの例として、かなり高い達成動機、低い親和動機、やや高いパワー動機を示している。

　平時であれば、高い業績目標を達成すべくチャレンジし（高い達成動機）、部下や関係者を説得して意のままに動かし（高いパワー動機）、一方で厳しい指導や指示を考慮して部下とのウェットな人間関係の構築を回避すること（低い親和動機）が、リーダー行動と動機特性とが適合し、良い成果に

図表3-8　3動機の測定

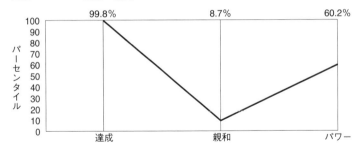

つながる。

　しかし、危機的状況下で、今期の業績見込みが厳しくなり、復旧などの問題解決が遅々として進まない中では、達成動機が高いゆえに本人はストレスを感じ、平時なら指示どおりに動く部下たちが、不安感がぬぐえないために説明や説得をしても腰をあげてくれないことにイライラし、パワー動機が満たされない状況に陥る。また、低い親和動機では、部下を思いやりケアする行動が無意識のうちに二の次となるので、災害後に不安を抱える部下たちを放置するような状況に陥りやすい。

　このようなリーダーの動機特性を踏まえると、危機下ではいつもとは異なる自己管理を意識することが必要とわかる。

　数値見込みが厳しいことや部下・相手先が動かないことは、この状況下では仕方ないと割り切り、いたずらにストレスを抱え込まないようにし、一方でいつもより部下や関係者との何気ない対話を増やし、そばに寄り添うようにしてみる。これらは、ERG理論での、部下たちが危機下で覚える「生存」「関係」欲求に対応したリーダー行動ともいえる。

3. 危機的状況下のリーダー行動
❶危機時におけるリーダーのコンピテンシー（行動特性）

　優れたリーダーのコンピテンシー（行動特性）を明らかにするため、ヘイグループはCEO、社長、地域統括責任者、ビジネスユニット責任者などへのインタビュー調査を蓄積し、以下のような危機に実際に対応した責任者・

リーダーのデータを抽出し分析した。

　調査対象とした危機的状況は、通貨危機・金融危機、超大型ハリケーンによる被災、アメリカ同時多発テロ事件、経営危機、製品不良問題、あるいはその問題への過剰なマスメディア風評への対応などで、このような危機に遭遇し、その時々の対応の巧拙により、より良い成果や業績をあげたリーダー（A群）と、そうでないリーダー（B群）を以下の基準で分類した。

【A群】より良い結果をつくり出し、危機を乗り切れたリーダーの成果
◆緊急性の高い問題が解決され、将来に向けた対応が可能になった
◆社員が仕事に集中できる環境を早期に回復した
◆利害関係者からの信頼を得た
◆迅速な問題対応により、従前よりも望ましい状況をつくるのに成功した
◆問題対応、メディア対応が完結した

【B群】芳しくない結果となったリーダーの成果
◆重大な問題は解決できたが、対応が遅れ事業にマイナスの影響が出た
◆二次災害を回避できなかった
◆対応のための費用が嵩んだ割に、重要な問題の発生を回避できなかった
◆問題が完全には解決しなかった
◆社会的な評判が悪化した

　A群とB群の2つのグループに共通して見出された必須コンピテンシーは以下の7つである。

〔必須コンピテンシー〕
◆情報収集力…罹災状況や対応策の進捗など必要な情報について継続的に収集する仕組みをつくる
◆分析的思考力…集められた災害・危機状況の情報を論理的に分析し、原因や因果関係を明らかにし、優先順位づけの判断をする
◆概念的思考力…これまでの経験や過去の傾向から問題状況をパターン化し、わかりやすく説明する
◆イニシアティブ…危機発生後に、すでに起きた障害トラブル等の問題に対応する一方で、今後起こりそうな問題を予見して手を打つ
◆チームリーダーシップ…リーダーとしてチームに必要な情報や資源をもた

らし、危機下でもチームが機能するよう方向性を示す
◆対人影響力…データや具体例などを用いて説明し、相手を安心、納得させる
◆組織認識力…組織メンバーのモラールや心理的モードを理解し、危機に関する情報や状況がどのような影響を組織にもたらすかを理解する

　この７つのコンピテンシーは、Ａ群（危機を乗り切り良い結果を残したリーダー）だけでなく、Ｂ群（芳しくない結果となったリーダー）にも共通していた。この結果により、リーダーは危機的環境に対応するため、必要にかられ、当然のこととして「危機的状況の情報を集め、分析し、その対応策を決め、状況や対応策を社員や関係者に説明し安心感をもたらし、統括する組織が機能するように方向づけする」という行動をとっていることがわかった。これらは危機時における必要条件のコンピテンシーといえる。

　だが、これらだけでは、危機を乗り切り、その後の良い結果につなげるには十分ではない。より良い結果を残したＡ群のリーダーに多く見出されたのが、以下の「違いをもたらす」３つのコンピテンシーだった。

〔違いをもたらすコンピテンシー〕
◆顧客志向…危機・災害に際して、顧客（最終顧客、取引先や業務提供先の社内顧客）が抱える問題を理解し、自分の利益より相手を優先し、相手の抱える問題自体の改善につながる行動をとる
◆共感・他者理解…ストレスがつのる環境下で、チームメンバーや社内外の相手先のおかれている状況を思いやり、相手がどのような不安を抱え、どのような感情かを理解する
◆チームワークと協力…危機下で、人々が協力し連帯するチーム協力態勢をつくる。先がみえにくい環境にあるため、リーダーが自論に固執せず、進んで部下や相手の意見・専門知識を求め、それらを評価し取り入れることでチームとしての一体感を高める

　想定を超えた危機や天災においては、だれしもがその被害を受け問題を抱える。そのような状況下では、自分の利益をむさぼる行為は忌み嫌われ、相手を思いやる無私の精神が尊ばれる。人が進んで被災者へ義捐金を寄付するのもこの精神の現われである。「顧客志向」の行動の根底にあるのは、相

図表 3 − 9　危機的状況下で有効なコンピテンシー

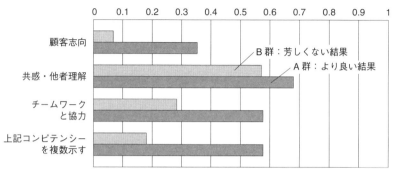

手のために何かをして役に立ちたいという願いだ。この願いにもとづく行動は、時間がたち相手の問題が解決するとともに、相手から感謝され強い信頼関係となり、それが自分・自社のビジネス拡大などの利益となって還元される。

　不安を抱える中で、人々は自分の抱える不安を理解し、生存欲求と関係欲求を満たしてくれる人を求める。その欲求に対応する行動特性が「共感・他者理解」である。人は自分を理解する者のためには進んで協力するが、自分を見下し理解してくれない相手には距離をおいたり拒否するなどの反応を示す。「共感・他者理解」の行動特性を発揮できると、部下たちを率いるチームリーダーシップや説得など対人影響力も高いレベルで発揮される。その逆もしかりで、自分を理解してくれないリーダーの指示や説明には理解を示さず、進んで腰をあげて行動をとることにはならない。

　「チームワークと協力」の行動の根底にあるのも、チームの一員として協力し、チームのために貢献したいという願いである。それは、危機的状況で他者と連帯して良い関係をつくり上げたいという関係欲求を満たす行動だ。想定外の大きな災害や危機においては、一人の力ではとうてい解決できない場面に遭遇し、できることの限界や無力感があらわとなる。しかし、人々が力と知恵を持ち寄り、それが活かされることで協力態勢が高まれば、結束力のあるチームとなっていく。このようにしてつくり上げられたチームは、危

機後もその協力態勢を保って物事の解決に取り組み、優れたアウトプットをあげられる組織になっていく。

❷有効なリーダー行動

違いをもたらす3つのコンピテンシーに共通するのは、相手を思いやることや相手を理解するといった心（ハート）を使う行動特性である。一方、7つの必須コンピテンシーのうち、「情報収集力」などは知能を使う行動特性だ。これらを整理すると**図表3－10**のとおりとなる。

知能を使い、状況を認識し、情報を処理する認知に関する「情報収集力」「分析的思考力」「概念的思考力」「イニシアティブ」は、危機的状況下では必ずしも良い結果につながるとは限らないが、必須コンピテンシーといえる。

「チームリーダーシップ」「対人影響力」「組織認識力」の他者管理に関するコンピテンシーは、必須として求められるが、特に危機的状況下では深い他者理解のコンピテンシー「顧客志向」「共感・他者理解」「チームワークと協力」がともなわないと、有効ではない。

図表3－10　危機的状況下で有効なリーダー行動

知能を使う	情報処理や操作など認知機能に関連する行動特性	①情報収集力、②分析的思考力、③概念的思考力、④イニシアティブ	必須コンピテンシー
心を使う	他者管理に関連する行動特性	⑤チームリーダーシップ、⑥対人影響力、⑦組織認識力	
	他者理解に関連する行動特性	⑧顧客志向、⑨共感・他者理解、⑩チームワークと協力	違いをもたらすコンピテンシー

第4章 将来設計を踏まえた自己開発

第1章から第3章までは管理者の「行ない」に焦点を当ててきたが、本章では視点を変えて、管理者自身がキャリアをどのように積み上げていけばいいのか、組織リーダーとしての自己開発を「社会の一員としてどう生きていくか」「どのように自分らしさを出していくか」「周囲とどうかかわっていくか」の3つのベクトルに沿って考えていきたい。

1. キャリア開発はなぜ必要なのか

　キャリア開発の重要性が指摘されているが、そもそもキャリア開発を意識しなければならないのは、なぜだろうか。まずは個人の立場から考えてみよう。
　「ご子息が銀行に入ったそうですね。これで一生安泰じゃないですか？」
　バブル景気がはじける前、井戸端会議でこんな会話が交わされたこともあったが、いまや遠い昔の話である。護送船団方式で守られてきた金融機関は、不良債権問題を抱え相次いで経営破綻に追い込まれた。金融機関に限らず、バブル崩壊後はさまざまな業界で再編・淘汰が進み、日本のお家芸ともいえる製造業でさえも安穏としていられない厳しい状況に直面している。
　従来の終身雇用や年功序列は制度疲労を起こし、もはや「会社が一生、面倒をみてくれる」時代ではない。社員は自分のキャリアを会社に委ねることができなくなり、自らスキルアップをはかるなどしてキャリア開発を進める必要が出てきたのである。
　しかし、キャリア開発が重要である理由は、これだけではない。

1. ビジネスラインとピープルライン
　キャリア開発は、組織のリーダー（管理者）としても常に意識しておかなければならないことである。なぜなら、組織が存続・発展するためには、自分自身を含めた組織構成員一人ひとりのキャリア開発が必須だからである。
　図表4－1をみると、組織が業績をあげるには、「ビジネスライン」と

図表 4 − 1　ビジネスラインとピープルライン（7サークルコンセプト）

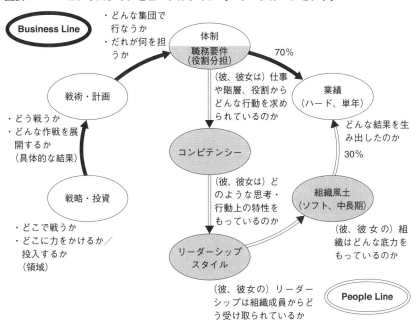

「ピープルライン」という2つの観点（ライン）で事業展開を考える必要があることがわかる。ビジネスラインは、「戦略・投資」から「業績」に至るプロセスであり、「どの領域に経営資源を投入するか」「どのような作戦を展開するのか」という、いわゆるビジネスシステムである。一方、ピープルラインは「だれ（どのチーム）がその仕事を実行するのか」を明らかにするプロセスであり、メンバーの能力や資質、あるいは性格などを見極めて、「作戦内容に左右されない強い組織」を吟味しなければならない。

　ここで問題となるのは、しばしばピープルラインが手薄になることである。たとえば新たな事業領域への参入を決定し、事業コンセプトやスケジュールも明確になり、体制もほぼ整ったとしよう。たいていは、この時点で安堵してしまうが、これだけではビジネスラインしかフォローできていない。

　ピープルラインに着目すれば、「だれとだれを組ませれば、うまくいくのか」「部下をリーダーとしてどう立ち回らせればいいのか」「陥りやすい落と

し穴はないか」「やりがいをもって目標達成をめざせるか」など、人にかかわるさまざまな懸案事項が浮かび上がってくるはずだ。こうした課題に目配りできるかで、その後の状況が大きく変わってくる。

　ビジネスラインで決まった作戦に、あまり考慮せずに人をあてがった場合と、ピープルラインを意識した場合では、業績に明らかな差が生まれる。厳密に示すことはむずかしいが、これまでにヘイグループ行なってきた実証調査では、ビジネスラインが業績に与える影響は約7割と推計される。つまりピープルラインによって業績が3割上下するわけである。優れた商品性によって好業績をあげたケースは少なくないが、だからといって、そうした成功がビジネスラインだけによってもたらされたと考えるのは間違いである。

　ここで、自社の事業計画書を思い出していただきたい。そこには、販売計画、製造計画、技術開発計画などが記載されているはずだ。ところが、「だれがやるのか、どんな部隊がやるのか、その戦力は十分か」について詳しく言及しているだろうか。詳細な組織デザインがすっぽり抜け落ちてはいないか、見直してほしい。

2. 企業内における「キャリア」とは

　ピープルラインが業績に少なからず影響を与えることは、理解いただけたと思う。そして、ピープルラインをしっかり通すには、キャリア開発が必要なことも想像に難くはないだろう。

　そこで次は、企業内におけるキャリアとは何かを考えてほしい。実は、キャリアという言葉はさまざまな意味で使われており、定義するのがむずかしい。ただ、企業内、組織内におけるキャリアの流れは、「行動の発達」と「加齢」という2軸でイメージすることができる。

　新人には新人の役割があり、中堅には中堅の役割がある。また、管理職にはその役職に応じた職務がある。たとえば入社して間もないころは「すぐ現場に飛んでいく」といったバイタリティが求められ、現場で2〜3年経験を積むと「新人の面倒をみる」ことも期待される。また、部下をもつ管理職になれば、「上司の意向を部下に伝える」ことも重要な役割だ。そして、上位の管理者になるにつれ、「組織のことを第一に考える」「組織の中で人間的に

図表4－2　企業の中での「キャリア」

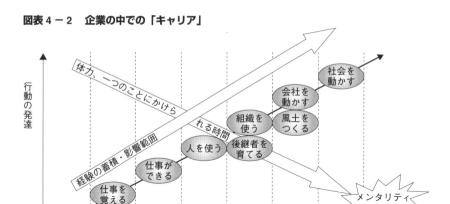

成長できる」などの大局的な見方が必要になってくる（**図表4－2**）。

　この一連のステップは、一般的な日本の企業にほぼ共通すると考えていい。かつてのように、終身雇用制度の維持は容易ではないが、いまだに多くの日本企業で長期雇用の慣習が残っており、従業員の側もそれを望んでいるケースが多い。ここが、大手外資系企業とは大きく異なる。

　こうした実情を踏まえたうえで、特に注意したいことが3つある。それは、企業におけるキャリア開発の基本原則と言い換えることもできる。

　第1に、加齢（経験年数）とともに役割が変わるが、その変化は思いのほか大きいという点だ。たとえるなら、トライアスロンで水泳から自転車ロードレース、さらに長距離走へと競技種目が変わるように、昇進する都度、仕事に対する基本的な取り組み姿勢を変える必要がある。長い会社人生をマラソンになぞらえる向きもあるが、昇進という節目がある以上、単にペース配分に注意を払うだけでは、完走もむずかしいだろう。節目ごとに「種目が違う」という意識で変化させないと、現場を混乱させるだけでなく、自分自身が疲弊してしまう。

　第2に、管理者として「どのように時間を使っているか」。マネジャーからリーダーに至る道のりを歩もうとしているのに、相変わらずプレイヤーと

しての時間の使い方をしているなら、早急に改めるべきだ。

　理由は単純である。たとえば課長に昇進し、初めて4人の部下をもったとしよう。そのとき、従来どおりプレイヤーとしての「動き方」をしていては、時間が足りなくなるのは当然である。もちろん、課長から部長になって部下が大幅に増えたときなども同様である。

　組織の中で一段ステージが上がると掌握範囲（人数）が広がるため、それまでの仕事の仕方を踏襲していては、時間切れになったり、仕事が雑になったりする可能性が高い。また、昇進前の階層で担っていた主要業務を後進に譲ることも必要である。部下に権限委譲することに不安があるかもしれないが、それではいつまでたっても部下は育たない。結果的に、自分が新たなステージで活躍する機会（時間）も減ってしまう。

　第3に、組織の構成メンバーは時間の経過とともに、否応なく入れ替わるという現実である。このことに気づいている管理者は、実はきわめて少ない。たとえば3年後の状況を考えてみよう。当然ながら、メンバー全員が3歳年齢を上げている。もしかすると、その間に定年を迎え、退職しているメンバーがいるかもしれない。反対に、新入社員が隣の席に座っていることも十分考えられる。団塊世代が退職したいま、それを補うように新卒の大量採用に踏み切る企業もあるが、人材育成に課題が残るのは目に見えている。

3．人材サイクルの原点に立ち返る

　これからはスピードの時代、と喧伝されるようになって久しい。また、先行者利益をめぐって、さまざまな企業がなりふり構わぬ争奪戦を繰り広げる光景は、見慣れたものになってしまった。一方で日本企業においては、新人から教えて立ち上げる「人材サイクル」が持続しているのも事実である。いま一度、その原点に立ち返ってキャリア開発を考えておかなければならない。

　先述のとおり、組織のリーダー（管理者）が「いま、そこにいるメンバー」を最大限に活かすことができれば、ピープルラインの3割で業績（成果）をあげることも可能だろう。ところが、しばしば管理者の間から、こんな嘆息がもれ聞こえてくる（**図表4－1参照**）。

　「こいつらがダメだから、うまくいかない」

部下であるメンバーを陰でこき下ろしているのだ。こうした言動の裏には、厳しい競争原理の中で悪戦苦闘している姿も垣間見えるが、ビジネスラインの7割でしか戦えていないようなものだ。

管理者は、ビジネスラインとピープルラインを同時に考える習慣を身につけたい。部下から有望な提案が上がってきたとき、こんなふうに応じることができれば理想的である。

「おお、これはおもしろいな。相手の同意は取れそうか？」
「ええ、ほぼ確定です。そこで、新しいチームをつくりたいのですが…」
「じゃあ、だれにやらせる？」
「AさんとB君がいいと思います」
「B君は、その類いの仕事はやったことがあるのか？」
「ありません。でも、やる気満々ですよ」
「そうか…。それなら3ヵ月間、勉強させてこい」

ピープルラインのサークルを機能させ、好ましい組織風土を醸成しているのだ。ビジネスラインに則って、「やってもらわないと困る」「できるようになれ！」などと、ただ部下を鞭打つだけの上司ではない。このような管理者（リーダー）になってもらいたい。

人間の行動と心理状態には深い因果関係があることはよく知られているが、管理者として多くの人を動かし、効率的に仕事をこなすためには、自分の気持ちをセルフコントロールする必要がある。初めて課長になったり、初めて部長になったときは、失敗することのほうが多いだろう。しかし、それでも「はじめの一歩」を踏み出さなければ、管理者としての成長は望めない。だからこそ、いまから準備しておくことが大切なのである。以下では、そのための羅針盤となるキャリア理論を紹介する。

2. 3つのキャリア理論

キャリア理論とは、これまでのキャリアを振り返り、今後を設計するため

のツールである。その中から、実践的に活用できる３つを取り上げる。

１．スーパー理論

　１つめは、アメリカのキャリア研究者ドナルド・E・スーパー（Donald E.Super）の理論である。50年以上前に体系化され、キャリア理論の古典とも称されている。キャリアを包括的にとらえているので、どんな経歴の持ち主でも、仕事をしたことがない学生でも、すんなり理解できるはずだ。

　スーパーは、キャリアを大きく２つの視点でとらえている。人生を時間軸で５つの段階に分けた「ライフステージ」と、人生におけるさまざまな役割を表わす「ライフロール」である。「いま、どんなライフステージにいるのか」「どんなライフロールを担っているのか」を考えることは、キャリア設計に役立つはずだ。それぞれについて、詳しくみていこう。

❶５段階のライフステージ

　人生を時間軸で５つの段階に分け、それぞれの段階で人としての「職業的発達課題」に取り組むことを通じて、人間的成長を遂げると提唱している。

◆成長段階（０〜15歳）…自分がどういう人間かを知る。職業的世界に対する積極的な態度を養い、働くことの意味を理解する
◆探索段階（16〜25歳）…職業に対する希望を形づくり、実践を始める。実践を通じて、現在の職業が自分の生涯にわたるものになるかを考える
◆確立段階（26〜45歳）…職業への方向づけを確定し、その職業での自己の確立をはかる
◆維持段階（46〜65歳）…達成した地位やその有利性を保持する
◆下降段階（65歳以降）…諸活動の減退、退職、セカンドライフを楽しむ

　新任管理者の多くは現在、「確立段階」にあると思われるが、上記の26〜45歳という時期の設定は、いかにもおおざっぱではある。**図表４－３**は、アメリカの心理学者エリク・H・エリクソン（Erik H.Erikson）とダニエル・J・レビンソン（Daniel J.Levinson）による分類から抜粋したものである。スーパーが組織心理学からアプローチしているのに対し、エリクソンとレビンソンは発達心理学の見地で発達課題を検証しているため、必ずしも「仕事」と完全にはリンクしていないが、納得感は覚えるのではないだろうか。

図表 4-3　発達心理学にもとづく発達課題の検証

人生段階	年齢	特徴	発達課題
成人への過渡期	17〜22	・家族を自分の生活の中心から遠ざけ、親の生活とは異なる成人前期の生活をつくり上げる	・未成年時代を卒業し自立する ・次の時期のための土台づくりをする
大人の世界に入る時期	22〜28	・模索する ・安定した生活構造をつくる	・成人前期最初の生活構造をつくる ・自己と大人の世界とを無理なく結びつけてくれる生活構造を初めて形づくり、納得いくまで試してみる
一本立ちへの過渡期	28〜35	・過去を見直し、将来を考える恵まれた時期であるが、苦労も目立つ	・前の段階で築いた生活構造の欠陥を直し、次の発達段階でもっと満足できる生活構造を築く土台づくりをする
長期的視野で人生を眺め始める時期の前期		・最初の選択を中心に生活構造を築くことに専念する ・出世の階段を上がる ・職業以外（家族／地域社会）での向上をめざす	・見習いを卒業して一人前の大人になる ・社会に自分の居場所をみつける ・人生設計を立てる
一本立ちする時期	35〜40	・成人前期の野心がピークに達する ・自立したい／認められたいことから他人の反応に敏感になる ・子どもっぽさ（自責や怒り）のよみがえり	・前期に立てた目標を達成し、人生設計に従った向上の階段を登る ・より大きな権威を身につけ、他人や組織に精神的、物質的に頼らない生活を送る
長期的視野で人生を眺め始める時期の後期		・自己の特定の面を優先させ、他の面を二次的にみなす生活構造 ・自己に適し、効果的に機能する限り、比較的安定し満足した生活を送る	・社会的地位の基盤を固め、向上に励み、安定と変化のバランスを保つ ・重大な選択に一応満足し、より幅広い生活を築く ・長期的な人生計画や目標を追求する
人生半ばの過渡期	40〜45	・「一本立ちする時期」の人生設計で定めた目標達成に成功するか失敗するかの判断がある程度ついてくる ・自己の内部および外界との激しい葛藤 ・自己に内在する、生活の改善を阻む障害（不安定感や依存心、敵意など）が生活構造の修正を困難にする	・成人前期という発達期を完全に終わらせる ・中年期の開始に向けて生活構造を修正し、家庭生活や社会観や価値観を修正する ・個性化によって内部対立（若さと老い、破壊と創造、愛着と分離など）を克服する
中年に入る時期	45〜50	・安定した生活構造は未完成 ・さまざまな予備選択を行ない、新しい発達期を迎える生活構造をつくる	・重大な選択を行ない、その選択に意味を与え、その選択を中心にした生活構造をつくり上げる

こうした分類表は、仕事を進める中で直面する「課題」の把握に役立つだろう。

❷8つのライフロール（役割）
　スーパーの理論では、「キャリアは、人生のある年齢や場面のさまざまな役割の組み合わせである」と解釈されている。人間は人生の中でさまざまな役割（ロール）を演じている（担っている）ということである。
　その役割をスーパーは以下の8つに整理している。

◆子ども…親との関係における自分。小さいころは、子どもとしての役割がほぼすべてを占める
◆学生…学ぶという立場の役割。小・中・高校、専門学校、大学はもちろん、働きながら通信制の学校、社会人大学院で学ぶ場合も含まれる
◆職業人…仕事に従事する役割。アルバイトなども含む
◆配偶者…夫、妻の役割。法律上は夫婦でなくても、共に生活を送るパートナーとしての役割
◆家庭人…親元を離れて自立を始めてからの役割。家事全般から日曜大工的なこと、送り迎えなどがある
◆親…子どもをもったときから始まる、子どもを育て上げる役割
◆余暇を楽しむ人…趣味やスポーツなど、好きなことをして楽しむ役割
◆市民…社会を構成する一員として、社会に貢献する役割（スーパーは、無給のボランティアを行なう役割としている）

　これだけをみると当たり前のことのように思えるが、スーパーはさらに、それぞれの役割の始まりと終わりと、相互の重なり合いを「ライフ・キャリア・レインボー」（キャリアの虹）と呼ぶ図に表わしている（**図表4－4**）。この図からは、新任管理者の世代が今後、数多くの役割を背負っていかなければならないことが読み取れる。換言すれば、「職業人」としての役割に思う存分、没頭できるのは、いましかないのだ。

2．シャイン理論

　自分がどういう人間で、どういう仕事が向いているか、そして、どういうときにパフォーマンスをもっとも出せるか。その判断材料を提供してくれる

図表4-4　ライフ・キャリア・レインボー

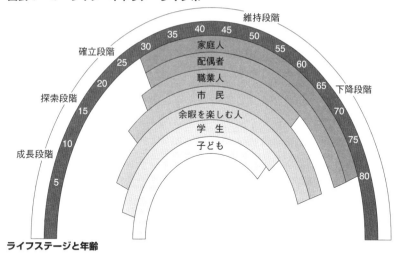

ライフステージと年齢

のが、エドガー・H・シャイン（Edgar H.Schein）の理論である。新任管理者にはもっとも実効性のあるものかもしれない。

職務経験を積み、そろそろ「仕事がみえてきた」と自覚するころ、この理論を味方につけることができれば、自分のスタンスを確立させ、周囲からの信頼を得ることもできるだろう。

「あの人はこういう人だ」「あの人はこういう仕事をする」「あの人は、こういうことを大事にする人だ」など、部下や同僚、あるいは先輩や上司の評価が固まる。そして、そのリーダーシップスタイルは、組織風土の醸成にもつながるだろう。

❶自分の「拠り所」を理解する

「キャリアとは、生涯を通しての人間の生き方・表現である」

これはシャインによるキャリアの定義だが、まさにキャリアは生き様を表わすといってもいいだろう。

シャインはアメリカの心理学者で、「組織心理学」という言葉の生みの親でもある。「キャリア・アンカー」の概念を提唱し、一躍有名になった。

キャリア・アンカーとは、長期にわたる仕事生活の中で、個人が拠り所と

しているものを指す。わかりやすくいうと、「私は…が得意である」「私は…に動機づけられる」「私は…だけは譲れない」などで表現される「…」部分のセルフイメージである。自分自身の志向や価値観などが投影されるため、自分のキャリア・アンカーを理解することが、キャリア選択やキャリア開発に有効であるとされる。アンカーは「錨」を意味し、自分のキャリア・アンカーを把握していたほうが、ぶれることなく、落ち着いてキャリアを開発していけるというわけだ。

　シャインはキャリア・アンカーを以下の8つに整理し、定義している（自己、仕事、家庭の複合体としての個人を把握するモデル）。

◆専門・職能別…特定の仕事に対する高い才能と意欲をもち、専門家として能力を発揮することに満足と喜びを覚えるタイプ。ほかの仕事では自分の能力があまり活かされないため、満足度は低下する

◆全般管理…経営者（ゼネラル・マネジャー）になることが価値と考え、経営者をめざすタイプ。出世志向が高い。専門性に特化するのではなく、企業経営に求められる全般的な能力の獲得を重視する

◆自律独立…どんな仕事であれ、自分のやり方、自分のペースを守って仕事を進めることを大切と考えるタイプ。規律が求められる企業組織に属することは好まず、独立の道を選ぶ傾向にある

◆保障・安定…安全確実で、将来の変化をおおむね予測でき、ゆったりした気持ちで仕事をしたいと考えるタイプ

◆起業家的創造性…新しい製品、サービスを開発したり、組織を立ち上げたりといったことに燃えるタイプ。何か新しいこと（事業や作品など）を生み出すことを重視する

◆奉仕・社会貢献…何らかの形で世の中を良くしたいという価値観を重視するタイプ。医療、看護、社会福祉、教育などの分野をめざす。大事なのは社会貢献であり、事業を立ち上げることはそのための手段にすぎない

◆純粋な挑戦…不可能と思えるような障害を乗り越えること、解決不能と思われてきた問題を解決することなどを追求するタイプ。常に、あえて困難を探し求め、挑戦自体を人生のテーマとする

◆生活様式…仕事と家庭生活、公的な仕事の時間と私的な個人の時間のどち

図表4－5 キャリア・アンカーの自己診断表

　キャリア・アンカー8種類は、一つひとつに職種を割り当てることはすすめられていません。自分のキャリア・アンカーについて、漠然としていても相対的な順位をとらえましょう。

1. 専門						
2. 全般管理						

下記28の組み合わせについて、一つひとつにおける優先順位が高いほうに○をつけ、最後に集計しなさい。　⇒回答例

①. 専門
2. 全般管理

1. 専門	2. 全般管理					
3. 自律独立	3. 自律独立					
1. 専門	2. 全般管理	3. 自律独立				
4. 安定	4. 安定	4. 安定				
1. 専門	2. 全般管理	3. 自律独立	4. 安定			
5. 創造性	5. 創造性	5. 創造性	5. 創造性			
1. 専門	2. 全般管理	3. 自律独立	4. 安定	5. 創造性		
6. 社会貢献	6. 社会貢献	6. 社会貢献	6. 社会貢献	6. 社会貢献		
1. 専門	2. 全般管理	3. 自律独立	4. 安定	5. 創造性	6. 社会貢献	
7. 挑戦	7. 挑戦	7. 挑戦	7. 挑戦	7. 挑戦	7. 挑戦	
1. 専門	2. 全般管理	3. 自律独立	4. 安定	5. 創造性	6. 社会貢献	7. 挑戦
8. 生活様式	8. 生活様式	8. 生活様式	8. 生活様式	8. 生活様式	8. 生活様式	8. 生活様式

下記の集計表を使って集計しなさい

1. 専門		5. 創造性	
2. 全般管理		6. 社会貢献	
3. 自律独立		7. 挑戦	
4. 安定		8. 生活様式	

※合計が28になっていればOK

らも大切にしたいと願い、両者の適切なバランスを考えているタイプ。ワークライフバランスをとろうとする生き方が一番大切と考える

　図表4－5で自己診断ができる。その際、語感や言葉のイメージに惑わされないようにし、必ず、前述の「キャリア・アンカーの定義文」を参照しながらマーキングする点に留意が必要だ。

❷自分らしく働く

　シャイン理論を活用すれば、自分らしく働くこともできる。特に、転職などのキャリア選択の場面では、キャリア・アンカーにもとづく無意識の判断が意外と大きな影響を及ぼしてくるかもしれない。

　たとえば、キャリア・アンカーが「自律独立」なら、たとえ高額な報酬で

転職を誘われても、「いや、私が本当に優先したいのは、自分のペースで仕事をすること」と断わったほうが、結果的に奏功する可能性は十分ある。

ただし、自分らしさを出すことと、勝手気ままに仕事をすることは、同じではない。自分の価値観や好みなどに合致する「場」をみつけたら、本気で頑張ってみることをおすすめする。妥協せず、極限まで突き詰めるのもいいかもしれない。自分らしくなるための挑戦であれば、少しぐらい背伸びをしてもいいだろう。体力があり、ある程度の失敗も許されている間に、チャレンジするといい。

こうした習慣が身につけば（シャイン理論を味方につけることができたら）、日常的に自問自答できるようになるだろう。「また、面倒な話を持ち込まれたな。とはいえ、自分にしかできないかな」「いや、いくら言われても、ここは譲れないな」などと、偏狭でもなければ頑固でもない、納得のいく意思決定ができるようになるはずである。これは、まぎれもないキャリア開発である。

3．クランボルツ理論

スーパーの「ライフステージ」「ライフロール」で自分の位置を把握し、シャインの「キャリア・アンカー」で自分の拠り所に確信をもてたら、最後はクランボルツで「可能性」を広げよう。

ジョン・D・クランボルツ（John D.Krumboltz）の理論は、「計画された偶発性理論」と呼ばれるもので、従来のキャリア理論とはいささか趣が異なる。それは、「個人のキャリアの8割は予期しない偶発的なことによって決定され、それを計画的に導くことでキャリアアップにつなげるべきである」という考え方である。「計画」と「偶発」という相容れない言葉が並び、理論として少々わかりにくい面もあるが、あらかじめ計画したことがそのとおりにならないことはけっして珍しくはない。

❶キャリアに固執するのは逆効果

クランボルツが行なった調査によれば、18歳のときに考えていた職業に就いているアメリカ人は、全体の約2％にすぎなかった。この事実を踏まえクランボルツは、将来の職業（仕事・職種）を思い込んで決めつける必要はな

いと主張する。なぜなら、自分の意思決定にこだわり、一つの仕事や職業を選ぶことは、それ以外の可能性を捨ててしまうことにつながるからである。

　言われてみれば、たしかにそうだが、まだ釈然としないかもしれない。しかし、変化の激しい時代において、あらかじめキャリアを計画したり、計画したキャリアに固執したりすることは、非現実的であるというクランボルツの指摘には納得できる。もし、特定の職業にこだわりすぎると、その職業になかなか就けなかったり、その職業に就いてはみたものの、自分には向いていないことがわかったときに、途方に暮れたりするという。

❷日ごろの準備がモノをいう

　クランボルツは豊富な事例をもとに多角的な分析を試み、「計画された偶発性理論」をつくり上げた。「偶発」（Happenstance）とは、計画の反対語である。「行動してみれば、思わぬチャンスに出会うことがある」旨を伝えている。

　ただし、行動しさえすればチャンスに出会えるわけではなく、失敗や不運に見舞われることも考えられる。クランボルツは、「だからといってじっと動かないままでは、何も起きない。さまざまなことに関心をもち、失敗を恐れず積極的に動くことで、自分の人生やキャリアにつながるチャンスを得られる」としている。

　すなわち、自らが計画して起こした行動（「明日はこんなことをしてみよう」など）から、自分を成功へと導く偶然のチャンスをみつけ、それを掴み、その後の人生に活かそうとするキャリアづくりが、「計画された偶発性理論」の伝えるところである。

❸オープンマインドでチャンスを引き込む

　その鍵を握るのが、以下の５つのキーワードである。

◆好奇心…オープンマインドと関連性が強いキーワード。自分の専門分野やそもそも関心があることだけに閉じこもらず、自分の知らない分野にまで視野を広げ、さまざまなことに関心をもつようにする。これは、新たな分野で知識を学び続けることでもある

◆持続性…いろいろなことに首を突っ込むのはいいが、早々に投げ出してしまうと何も残らない。どんな仕事であれ、何らかの手応えを感じたり、向

き不向きを判断できるようになるためには、相応の努力、粘りが必要であることから、最初のころにうまくいかなくてもまずは続けてみる。一足飛びに結果を出そうとするのではなく、足元を固めながらじっくり取り組む
◆楽観性…たとえば意に沿わないキャリア展開の付与を悲観的に受けとめるのではなく、自分の知らない世界に飛び込むチャンスだととらえる
◆柔軟性…こだわりを捨て、「なんでもこい」の気持ちがあれば、軽やかに人生やキャリアを歩んでいける
◆リスク・テイキング…予期せぬ出来事、つまり偶発を求める行動は、いわば未知の世界への冒険のようなものである。何が起こるかわからず当然、さまざまなリスクが潜んでいる。とはいえ、積極的にリスクをとりにいくことで未知なる選択肢が現われる

このなかでもっとも重要なのが「好奇心」である。たしかに好奇心が原動力になって、個人やチームが動き出すことはよくある。「アイツがそこまで言うんだから、やってみようか！」と決断を下すときの表情は、きっといきいきしているに違いない。

4．キャリア理論を通じた振り返り

これまで紹介したキャリア理論を通じた自己の振り返りとして、以下の問いかけに答えを出してみてほしい。
〔振り返り1〕
あなたは「社会の一員」として、ライフステージの中でどのような発達課題に向き合っているか、あるいは向き合おうとしているか。また、どのようなライフロールを担っているか、あるいは担おうとしているか。
〔振り返り2〕
あなたの「自分らしさ」とは何か。それはシャインの「キャリア・アンカー」を使うと、どう表現できるか。
〔振り返り3〕
あなたは「周囲」（機会）とどのようにかかわっているか。興味をもって前向きに周囲と交わり、機会を取り込んでいるか。

3. 企業内（組織内）キャリアの課題

1．プレイヤーから課長への転換

　スーパーは人生の段階（ライフステージ）ごとに異なるキャリア課題があることを明らかにした。また職業人、家庭人とさまざまな役割があることをライフロールとして示した。この概念を活用して、**図表４－２**では企業の中で加齢とともに異なる役割が期待されていることを「企業内キャリア」として示したが、以下では、プレイヤーから課長へと、管理者としてキャリアを重ねる際に克服すべきテーマでもっとも重要な「自分一人の力ではなく部下の力を使う、部下をマネージする」管理者への転換についてふれたい。

❶部下の力を使う立場への転換

　管理職になるとは、「仕事ができる」から「人を使う」へと段階が進むことだ。「自分でやったほうが早いので他の人に任せず自分でやる」のではなく、「部下の力を借りて、自分の代わりにやってもらう」「部下の力を借りて、自分一人ではできないことをやる」「部下が高い目標に向かって仕事をするように動機づけ、その状況をチェックし、褒めたり叱ったりしながら必要な軌道修正をする」「部下に委ねた仕事も、責任は自分がとる覚悟をする」。これが、人を使い、一馬力でなく（部下の数あるいはそれ以上の）数馬力で仕事をすることであり、そのために目標を与え、動機づけて行動を引き出し、その良し悪しを評価して、組織成員の実力を管理することなのだ。

　しかし、人を使うよりも自分で業績をあげるほうが心地良い人も多い。部下に説明したり動機づけたりする手間が大変だ、その力量が信じられない、部下から文句を言われるくらいなら自分でやったほうが楽だ、すぐに成果を出さないと上からのプレッシャーに勝てない、など理由はさまざまだが、これではいつまでたっても、複数のメンバーの力による組織成果の大きさとその意義は理解できない。

　管理職の仕事である「人を管理すること」をこなすために、「自分の力に

は限界がある。一人ではできない成果をあげるために、他の人の力を借りるのであり、彼らの力がなければ成し遂げられない」と体感する経験をしてほしい。それも、管理職になって自覚するのではなく、その前に気づいてもらいたい。

以下は、企業のミドル層や役員層が一回り大きく成長できた経験（イベント）について、神戸大学の金井壽宏教授らが提唱した「一回り大きく成長した経験」の概念をもとに、時期や内容、何を学んだかを整理したものである。

図表4－6に楕円で記したように、一回り成長した経験がある程度集中する時期は3つあり、得られたレッスン内容（学び）には、各時期特有の傾向がみられた。

◆20代後半（入社4～5年）…社会人として一人前になる。担当する仕事が一人前にこなせる
◆30代半ば（入社10年前後）…自分一人の力では限界があり、組織（チーム）で大きな成果を出す。周囲の巻き込み、チームワークを学ぶ
◆40代前半～後半…（海外子会社、関連会社などで）会社全体の経営を理解

図表4－6　「一回り成長した経験」の時期

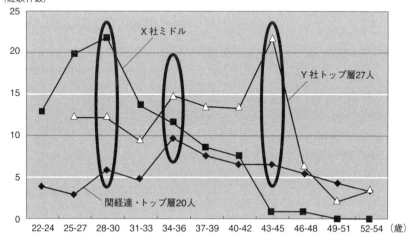

注：関西経済連合会「豊かなキャリア形成へのメッセージ─経営幹部へのインタビュー調査」をもとに集計

ここに記したように、30代半ばの経験はその後、本人たちが管理職として仕事をするときの良い糧となっている。すなわち技術的にとてもむずかしいテーマで自分の知恵だけではとうてい太刀打ちできない、あるいは期限が限られた中で一人では手に負えない職務タスクと対峙することで、通常の仕事より一回り上の仕事、いわば上司の仕事を代わりに担うような経験だ。それを通じて人の力を借り、チームで仕事をすることの意味を学び、人のもつ力の大きさ、財としての人の力とは何かを味わうことになる。

　この経験とその糧（他者の力を借りること）の意味を理解せずにいると、自分のあげた業績を誇りたい、部下は道具として使うものというディレイラをもつことになる（ディレイラについては図表4－7参照）。他の人の力を

図表4－7　8つのディレイラ

ディレイラ（Derailer）とは、順調なキャリアの線路からの脱線（Career Derailment）を引き起こすもののことで、普段は隠れている性格の悪い面が表に出たときの不適切な行動（問題行動）を表わす言葉として用いられる。有能で高い業績をあげている人たちは、優れたコンピテンシーだけでなくマイナスの行動特性をとることもある。たとえば、管理職の場合、
・部下の意見や行動に対して常に否定的な対応をする（自分のほうが常に正しいと思っている）
・日ごろから部下の意欲を下げるような言動がある（傲慢にみえる）
・細かいことまでいちいち口をはさみ部下に仕事を任せない（管理が細かすぎる）
というような、優秀な人たちが陥りやすいマイナスの行動特性をいう。ディレイラは機会損失に結びつくと考えられるので、その行動を抑制・矯正する必要がある。
　以下は代表的な8つのディレイラとその特性およびリスクである。
◆過敏…感情的側面が繊細なうえ情緒不安定で、他者を敵対的にとらえる
◆孤立…単独で物事に対処したり、決定を下すことができる一方で、チーム環境では落ち着かず、他者を遠ざけ孤立する
◆エキセントリック（風変わり）…型にはまらず、新しいアイデアがひらめくが、実行不可能な場合がある。他者の話をあまり聞かず、非現実的な決断をする
◆因習破壊…意思が強く、慣例やしきたりを断つことができるが、他者への配慮に欠け、社会のルールに反したり非倫理的な行動をとる
◆自己顕示欲…積極的で人を引きつける強い個性があり、自信もあるが、注目を浴びようとしたり誇張する傾向があり、自分に不利な状況では能力を発揮できなくなる
◆自信過剰…自信家で、自分をリーダーとみなしているが、他者の話を聞かず、自分の限界も理解できずに独裁的になる
◆過剰依存…人当たりがよく、一緒に働きやすく、他者にも上手に従うが、リスクを回避し、高い要求に直面すると影響力や能力を発揮できない
◆マイクロマネジメント…優れた管理者であり、几帳面で細かいことまで配慮するが、柔軟性がなく、ルールに忠実で他者を厳しく管理する

出所：Talent Q International 社

借りることとは、いわゆる丸投げ（自分の手に負えないからだれかにやってもらう）ではない。また、だれに力を借りるかを誤ると、結果として業績を残せない。「任せる」「力を借りる」ことは、相手をだれにするか、慎重な見極めがあってこそ成立するものだ。

❷時間の使い方と行動を変える

プレイヤーから管理職になるにあたり、そのスキルを社外研修や社会人向け教育コースで学んだり、自己啓発で勉強し理解することも多い。しかしそれらは新たな知識を授けてくれるが、本質的な「能力開発」にはつながらない可能性がある。そこで以下の３点をまずは実行してほしい。

〔時間の使い方を変える〕

PDCAサイクルのうち、プレイヤーはDoとActionに時間を割くが、マネジャーはPlanとCheckにより多くの時間をかけ、DoとActionについては、自分ではなく部下に指示し、動機づけし、納得して行動してもらうためのコミュニケーションに時間を割くようシフトさせる。実際にプレイヤーとしてさばいていたタスク（Do）を抱えながら組織全体のプランを考えようとすると、時間が足りずに、プランも実行レベルも雑で安易なものとなる。部下たちは先がみえない、行き当たりばったりの行動をとらされているという気持ちになるので、組織として陥ってはならない状態である。

そこでまず、これまでの時間の使い方を振り返ってみよう。たとえばここ２〜３ヵ月のスケジュール表では、何に時間を使っているだろうか。おそらく自分に与えられた業績目標の達成、あるいはその達成のために障害となる課題解決があげられるのではないだろうか。それらは自分がプレイヤーとしてタスクをこなし、成果をあげるための時間の使い方である。

しかし今後求められる、課長という組織統括者の役割は、自分で仕事を直接ハンドルするのではなく、組織として成果をあげることだ。そのために、組織としてどんな問題を抱えているのか、何が課題なのか、メンバーが気づいている課題あるいは将来抱えることになる課題は何か、組織が今後うまくいくためにどんな目標を立て、だれに何をやってもらうかを考えること、つまり作戦を立てることに時間を使うべきである。組織の課題把握のために情報を集めることにも時間を割く。それは現場で顧客や関係者から意見を聞く

という方法もあれば、部下の頭の中にある問題意識を引き出すという方法もある。また、作戦を実行するにあたっては、それがうまくいっているかを確認し、もし滞っているなら他にどんな手があるのかを考える。部下にも考えさせ、その対応行動をとらせるようにもする。
〔部下を「眺める」「ちょっかいを出す」〕
　管理職とは、プレイヤーとしてのDoの役割をだれかに任せる、あるいは策定した課題解決策をだれかに実行させるのが基本である。実際に携わるのは部下だが、結果責任をとるのは管理職である。だれであれば結果を出してくれるのか、組織の課題が何かを考えるうえで精度や質のもっとも高い信頼できる情報をもつ部下はだれなのか。それを見極めなければならない。

　だれが信頼できるのかは、部下の表情や限られた会話で直感的に判断しがちだが、それでは印象評価の域を出ない。直感は正しい場合も多いが、それを確かめないまま、重要な役割の実行を任せても大丈夫だろうか。任せることを恐れて自分で抱え込んでは、マネジャーとしてのPlanとCheckの仕事に時間を割くことができない。

　そこで試してほしいのが、部下を「眺める」ことだ。何がうまくいっているから表情が良いのか、何を課題と感じているから苦しそうなのか。どのようなことに反応して行動を起こすのか。何にこだわりを示すのか。持ち味は何で、どういう場面や課題には素早く行動が起こせるのか。何が不得手で、なかなか行動を起こそうとしないのはどういう場面や領域なのか。それらをじっと（あるいは、むっつりと）観察してほしい。

　ただし、この観察から得られた情報は、自分の思い込みかもしれない。そこでそれを確かなものとするために「ちょっかいを出す」。「あなたはこのことをどう思っていますか。どうしたら解決できると思いますか」と問いかける。あるいは新たな役割を与える前に試してみる。たとえば見込みはあるがもっとリーダーシップを前面に出してほしいと期待する部下に、いきなりその役割とテーマを与えるのではなく、まずは少し小さい課題を与えて試し、その行動ぶりを確認するのだ。
〔新しいことを学び、新たな付加価値を出す〕
　時間の使い方では、PDCAのうちDoとActionは部下に委ね、そこで捻出

した時間をPlanとCheckに割くこととしたが、Planについては時間を増やすだけでなく、その立案にあたっての情報やノウハウの吸収の方法がこれまでとは違ったものとなる。プレイヤーとして自らタスクを解決する過程では、否が応でも知識を得る必要性に迫られ、それにより最新の技術動向などの情報を得ていた。これに対して、実際のDoを委ねるマネジャーになると、知識やノウハウ情報は「意識的に吸収する」など、その取り込み方が異なってくるのだ。

　マネジャーとは、いままで手がけていない領域も含めて統括する立場であり、新しい領域の知識やノウハウを吸収し、幅を広げることが求められる。そして、メンバーが課題と感じていないことにも先手を打てるようにするには、自社の現状（他部署で起きている変化対応など）を認識するとともに、将来を見据え、技術の進歩や世の中の変化（社会、経済、市場や競合先）に対する自分なりの知見を形づくる必要がある。

　これを怠ると、過去の経験に依存するだけになり、新たな付加価値が示せなくなる。また、予期せぬ問題が生じると組織長として対応せざるをえないため、自分の時間はあっという間になくなる。そのため、意識して時間をつくる。それができなければ、日々大変なだけで、磨耗し陳腐化してしまう。時間を捻出するためにも信頼できる部下を見出し、任せることが必要なのだ。

２. 課長から部長に至る行動開発

　ここでは、課長から部長への「進展・転換」についてふれたい。管理職に就いたばかりだと、もう次のことと思うかもしれないが、課長として成長するためには、その次の段階で何が求められるかをあらかじめ視野に入れておいて損はない。あるいは課長やマネジャーとして立ち上がったなと感じられたときや、次のキャリア進展（昇進）を意識したときに役立ててほしい。

　組織構成上、複数の課長を束ねるのが部長であるため、部長のポスト数がより少なくなるのは明瞭な事実だ。この限られた部長ポストに就く人材は、課長として優秀な者の中から選抜されるわけだが、課長時代と同じような仕事をしていて部長が務まるのだろうか。答えは否である。

　なぜ、部長職が務まらないのか。部長を務めるポテンシャルはあっても、

図表4－8　課長の企業内役割と成長課題

		企業内役割		課長から部長へと成長するための課題（学習すべきポイント）	
		第一線マネジャー（課長）	マネジャーのマネジャー（部長）		
組織を束ねる	1.組織の仕事を知る	特定領域（例：営業でも大手法人向けの営業、個人顧客向け営業などと限定された領域）における専門的知識	複数の特定領域	実務者として、知らない、経験していない領域が加わる、あるいは増えるので、貪欲に学ぶ＋部下の頭・知識を使う	① 学習、視野の拡大
	2.組織を協働させる	ほぼ同質な職務グループをまとめる	異なる職務グループをまとめる、あるいは、横串で協調させる	知恵やリソースを協働を通じて使う仕組みやルールをつくる	② 協働と綱引き
			他組織に影響力を発揮し、巻き込む	他組織のキーマンの力を借りる、巻き込む	③ 影響力をもつ人との人脈づくり
	3.人を知り、動機づけ、育てる	メンバーの特性理解、動機づけと評価・育成	複数組織のメンバーの特性把握、評価と育成	自分なりの評価目線、キーマンの理解と育成（後継者育成）	④ 人の把握、見極めと育成
業績をあげる	4.どのような業績をあげるか、作戦をつくる	対応課題：大きさ・広さと時間軸	戦略を受けた戦術の策定（戦略［3年の中期事業計画］を達成する戦術［この1年で何を達成するかの年次計画］）	戦略づくり（中期計画策定）と戦術の双方	戦略（3年の中期事業計画）を考える。また、その達成。3年後を実現するために、この1年で何をするか、どう変えていくかの計画づくり	⑤ 今ではなく将来を考える　　好奇心と情報　―ソース（人脈）　　づくり　└鳥の目の強化　将来に備えた変化をつくる
		新規性、むずかしさ	過去の経験や前例の中から解決策が見出しうる（いままでに答えがある課題への対応）	過去の経験や前例の中からは解決策が見出せず、独自の解決策が求められる（新たに答えを探し出す。そのための調査分析をする）	経験則ではなく、物事の原則、本質から思考する。思考の源となる有用な情報を広く求める	⑥ はっきりとした正解がない中での判断
	5.意思決定して組織成果を出す	意思決定しインパクトを与える範囲	現場の部下に直接指示して、成果を出させる	部下マネジャーを動かして、現場部下に成果を出させる	部下・マネジャーのベストを出させるために動機づける、強制する	⑦ 部下マネジャーにマネージさせる
		どのようにインパクトを与えるか	部下へ行動を直接、指示。1対1レベルの直接コミュニケーション	マネジャーを通じ現場の部下に指示、個別指示よりも方針などの方向性を示す（間接的コミュニケーション）	1対1ではなく集団や組織をマネージする。そのためにコミュニケーションの仕組みと文化をつくる	⑧ 仕組みと文化をつくる

スーパー課長は部長ではない。課長に求められる力と部長のそれとは違うのだ。求められる役割が違い、違う役割を果たすには、違う能力が必要となる。
　どのように役割が違うのか。課長は「人を使う」役割が主となるが、部長になると「組織を使う」「後継者を育てる」役割が大きくなる。**図表４－８**では、より詳細にその役割の違いを整理している（**図表４－２**参照）。
　組織図上では、課長から部長に階層を上がっても組織統括の役割は同じなので、管理する組織が複数になるだけにしかみえないかもしれないが、そこには大きな違いが存在する。
　課長がまとめるのは５〜10人くらいの規模の組織だが、部長となり、複数の課組織を統括する立場となると、少なくとも２組織、ひいては６〜８の組織へと急に掌握人員が広がる。部下が増えるだけでなく、知らない専門領域も急速に多くなるのだ。そして、課長時代はマネジャーとはいえ、むずかしい課題や相手には自分がプレイヤーとなることで凌げたが、部長は直接手を下すのではなく、直下の課長やマネジャーにその課題解決にあたらせることが役割である。そのため、時間の使い方がさらに変化し、もう一段切れ味の良い動きと言葉が必要になる。
　この点を、求められる職務役割で整理したい。組織管理者の職務役割を大きく分けると「組織を束ねること」で３つの役割、「組織として業績をあげること」で４つの役割がある。以下では、部長としてより大きな役割を果たすための原則をあげたい。

３．部長へ成長するための８原則

❶学びを深め見識を高める
　「組織を束ねる」という職務役割は、部長の場合は複数の課を束ねることである。これをうまくこなすには、複数の領域の仕事内容に精通する必要がある。担当領域の専門知識に加え、業界で何が起きているかなどをより広く学び理解しようと努めなければならない。一方で、学びには時間がかかる。実際にその課の業務で生じるむずかしい課題を解決する過程で培われた知識やノウハウは、即座に学習できる類いのものではないからだ。そうなると、それを埋めるには部下の知恵や知識を使うことで代替するしかない。

「人を使う」とは、人の頭と時間を使うことである。管理者は、自分で考えるほかに、部下の頭を使って考えるというスキルを手に入れなければならない。それは、上司としての自分自身の知識やスキルに加え、豊富な社会経験、企業内経験にもとづく付加価値を示すことである。

　ここでいう付加価値とは、たとえば業界の見方や、仕事の進め方の勘どころなど、自分が経験していない領域でも、共通して普遍化できるものである。言い換えるなら、個々の現象でなく、そのもとにある原理原則についての考え方や見識だ。何々を知っているという「知識」よりは、それぞれの知識を束ね、物事の見方を束ねる「見識」ともいえる。

　この役割を果たすことを想定して、部長になる前の段階から準備すべきものに、隣の課やほかの課にはどのような顧客（管理部門なら社内顧客、生産や開発なら次工程先）がいて、競合先がどうなっているか、またそれぞれの課にはどんなメンバーがいるのか、その一人ひとりは何が得意で何が苦手だと思いながら仕事をしているのかなどに興味をもって情報を集めることがあげられる。その際は正しい情報をもたらすのはだれか、どのソースか、情報の精度を意識したい。また、集めた情報を自分なりに整理する枠組みをつくる。たとえばSWOTや自社、競合先、顧客の３Ｃ分析などである。

❷チームが協働できるルールや仕組みをつくる

　仕事の目的や必要な職務知識が似ている人をまとめてチームにすることで仕事の効率性が高まる。そのチームは共通性、すなわち似ている部分があるからチームとして成立する。これが組織づくりの原則である。課が異なる、チームが異なるということは、何かの異質性、違いがあるので別になっているのだ。たとえば同じ営業課組織でも顧客のタイプで法人向けと個人向けに分かれていたり、地域ごとに分かれていたりする。

　それらを束ねるのが、部長の役割となる。束ねる方策はタテとヨコの２通りある。タテの方策とは、部長として課長を束ねることで、課長に自身の考えや方針を伝え、理解させ、自分が意図するように課長が動き、その下の部下を統率する状態にする。組織の上下関係から比較的実行しやすい方策といえる。ただし、うまく課長をマネージできるかは別物であり、この点については❼でふれたい。

一方、ヨコの方策とは、部としての共通方針やルール、仕組みをつくることで、組織統合の推進と言い換えることができる。たとえば、課を超えて互いの知識やノウハウを持ち寄って業務効率を上げるための仕組みをつくる、顧客の経営課題に対応するためにそれぞれの課で何ができるかを提案する、繁忙期対応のため応援人材を課を超えて出すなど、それぞれが協働するような仕組みがあれば結束が生まれる。

　また、同じ部であっても課同士で軋轢が起きることもある。たとえば営業とソフト開発のように機能が異なる課が同じ部にある場合、営業課は契約獲得のためにソフト開発の効率を上げて短期での開発を求める一方で、開発課は顧客向けソフト開発では不具合やバグが出ないようにするには時間の短縮はできない、などのコンフリクトだ。このような互いが綱引きする場面だけでなく、隣の課に協力したいのはやまやまだが、いまの人員で手一杯なのでとても人は出せないといったことも含め、双方を納得させる意思決定が必要となる。

❸影響力をもつ人と人脈を築く

　他組織と協働して物事を進めたいのに、一緒に取り組むほかの部署の協力がいまひとつ得られないとしよう。たとえば顧客に対してその商品を開発した部門からの技術説明の支援がほしいが、人手が足りないために実現せず商談が進まない。あるいは今期の研究開発予算を削減することが決まったが、試作を手がける製造部門が反発するなどだ。このような問題を解決するには、自分とは異なるラインで影響力をもつ人の賛同を得ることが必要となる。組織役割が上位となり、大きな意思決定に関与し、大きな組織成果をあげるためには、ヨコあるいはナナメの実力者を巻き込めるかが課題となるのだ。

　その場合の原則は、自分のラインの上司の力を借りて、他の部門の同レベルの責任者に働きかけることだが、その責任者が賛同してくれるかは、「この人の言うことが合っている」と論理的に納得、理解してもらうことに加え、「一緒に仕事をして、おもしろかった、楽しかった、良いことがあった」という感覚や情による理解も必要だ。前者は、会社の方針や戦略をもとに、どう論理的な理屈をつくれるか、後者は、足しげく通い熱意を示すという方法もあるが、つまるところは相手方にとっても利益が出てWIN-WINと

なるような仕事をしてきたかにかかってくる。
　仕事を離れたチームワークが課題解決につながることもある。さらに人柄としての合う、合わないもあるだろう。他部門の責任者と相性が悪い（自分と合わない）のであれば、チーム内に適任者を見出し、協力要請にあたらせることも必要となる。むずかしい課題、意思決定はチームでさばくほうが、解決の打ち手をもちやすい。一人で抱え込むと袋小路にはまるだけだ。
❹課長や主要メンバーを「眺めて」「試し」「育てる」
　「組織を束ねる」役割を果たすうえでは、「組織の仕事を知る」のと同様に「人を知り、育てる」ことが重要である。仕事内容の把握と、仕事を実行する人の把握は一体なのだ。本節１項で、課長の役割を果たすためには部下を「眺め」「ちょっかいを出す」こと、と述べたが、部長も同じである。その対象は全メンバーに広がるが、まずは部のキーマンである課長、そして各課の主要メンバーを「眺める」ことで、その特性を把握したい。そして、強みと弱みは何か、どういう場面や課題だと頑張れるのかを、意見を求めたり、課題を与えるなど、ちょっかいを出して確かめる。その結果から、どう動機づけるかを見極めるのだ。
　人は、さらに成長できると感じられれば頑張ることができる。そこで、成長のための機会を与え、それを通じてどう変化したかをフィードバックし、成長を後押しする。これは課長と同じだが、決定的に異なるのは、「自分の後継者として部長職を任せるために、あるいは他の組織で部長職を務めるために、どう鍛え育てるか」を常に念頭においておく点である。なお、だれを後継候補とするかを見極めるためには、自分なりの評価目線（どういう人材を評価し、引き上げたいのか）を鍛える必要がある。
❺将来を考えて手を打つ
　どのような業績をあげるかの作戦づくりにおける「作戦」は、その「幅と広さ」×「むずかしさ」に分解できる。幅と広さは、どの領域までカバーするかであり、大きな領域になるほどむずかしい。たとえば、全社の方向性を決める全社戦略があって、それを踏まえて営業本部の戦略が定まり、それから、営業の地域別の戦略が定まるなどだ。一方、むずかしさは、たとえば競合環境が変化する、法規制が変わるなどの環境変化が起きると、新たな手を

打つ必要があるので難易度が増す。あるいは、これまでの手法だけでは競争優位性が保てないため、業界に新しい競争ルールを持ち込むような革新的な製品開発やビジネスモデルづくりに着手するとなると、既存手法に比べてむずかしくなる。

　作戦の立案領域について、課長と部長でざっくりと分けると、課長は、いま確実に成果を出すために何をするか、具体的には、この１年の作戦であり、部長は中長期の戦略となる。日本企業では典型的な中期計画は３年という時間軸なので、部長は３年後に部としての成果を最大化するために、どのような方針で臨み、３年後にあげたい成果目標を各課に１年ごとに振り分ける戦略を立てるということになる。

　ここで、課長と部長とでは時間軸で大きな違いが生まれる。「３年後」という将来を見通す頭の使い方だ。将来、顧客や業界、社会はどうなるのか、それが自社にどのような変化をもたらすのか、いまは小さい芽にすぎないが、競合先の革新的な打ち手や新しいプレイヤーが台頭してきて業界地図を塗り替えるような変化が起きていないかなど、将来を予見するのだ。そのためには競合先、業界全体、ひいては社会や政治、文化などに興味関心を広げ、何が大きな流れなのか、仮説（こう変わるだろうとの見込み）を立てることが重要となる。この好奇心と仮説づくりの力は、さらに上位の経営層になるほど不可欠なので、この段階から練習しておいて損はない。

　将来、どんなことが起こるのかをインターネットや書物、専門誌（学会誌など）にあたることは、情報を広くとるという点でも有効だ。とはいえ、基本となる情報ソースは人である。著作者、学会誌に投稿している研究者などに人脈を広げ、そこから第一次情報を得ることが、情報の精度と鮮度を上げる。興味深い情報はフォーマルな形（著作や学会発表）となる前にとらえられるようにしたい。

　このときの視座をイメージとして表わすと「鳥の目」と「蟻の目」となる。鳥の目とは、空高く舞い上がって地表を眺め、「全体地図をつくる」「パターン化する」「大きな関係性を見出す」という概念的思考、蟻の目は、物事を詳細に把握し、「分析を繰り返す」「ＡはＢにつながり、ＢはＣにつながるなど細かく分けていく」分析的思考だ。今後の社会や政治、文化が変わる

中でビジネスがどうなっていくか、大きな視点で考えるのは、鳥の目のほうである。今後の変化を見越して、人の動き方を変えていくのだ。３年後に最大の成果をあげるために、たとえば営業の仕方を変えるなどだ。メンバーも３年後の体制をイメージし、たとえば定年や異動などを見越して、だれを組織の柱と位置づけ、だれに何をやらせるのか、チームとしての力量を底上げするにはどうしたらいいか、いままでとは違う発想や仕事のやり方を仕込んでいく。将来の変化を見越して先手を打つ作業である。

❻原理原則をつきつめ判断する

　３年後に成果をあげるためには、これまでの営業のやり方や開発手法を継続していていいものだろうか。競合先が新しい手を打ってきたり、顧客が目新しさを感じなくなりほかに乗り換えるなどは、３年の間に十分、起こりうる。そうなれば現状レベルを維持することさえおぼつかないだろう。そこで、これらを見越して手を打つことが必要となり、過去に用いた打ち手や解決方法を超えた新たな方法を創造するような水準が求められる。

　どうしたら、創造的レベルにたどりつけるのか。たとえば、ある商品の営業において、過去の成功経験や社内の成功事例をかき集めて、営業方法を類型化、パターン化する。これは、いままでのやり方と経験を整理するものだ。これをさらに、何がその成功要因だったのか、他社や業界、市場の構造を分析し、自社との違いや、顧客がなぜ自社の商品に価値を見出し買ってくれたのかの因果関係を明らかにし、原理を究明していく。

　「過去の成功はこうだったから、今後もこうしよう」というような、経験による判断をすぐに下すのではなく、いったん引いて考えてみる。変化やスピードの時代とはいえ、ただ即決するだけではスピードにつながらない。分析して考える、言い換えると、答えがすぐに出ない中で、もがくのだ。また、理論的に考えるとはいえ、その思考プロセスと結論には、自分の中の仮説や予見（たぶんこうなるだろうという見込み）によってバイアスがかかることが多い。そのため、一人で考えるのではなく、衆知を集める。それがブレークスルーにつながることもある。

　ただし、どのような新しい手とするかを決め、判断するのは、管理者の仕事である。

一般論だが、「良い判断」は次の４つのバランスが良いといわれている。
◆十分な分析…問題現象を引き起こす原因は何か、その現象と原因はパターン化できないか、原因を解決するために、どんな手を打てるか、だれをあてがうか。問題究明と対策プランが練られている
◆過去の経験…自分がこれまで下した意思決定について、成功した場合の打率を出してみる。どういう時にヒットを打てたか、うまくいかなかったテーマや要因は何かを分析する。たとえば、施策づくりは良かったが、担当者が適任ではなかった、即断できずに期を逃したなどを振り返り、自分の得意・不得意領域を明らかにする
◆他の視点や考え…経験を振り返り、自分の不得意領域にこそ、他の人（部下や同僚、社外の関与者）の意見を求め、それを歓迎し活用する
◆熟慮…十分な分析と他の人の意見を集めても、最後は自分で決める。課題を四六時中考えていると、良いアイデアを風呂場で思いついたり、布団に入ったときに思いつくことが多い。また、考えがまとまらず、期日までに決めなければと焦り、答えを出す場合もあれば、感情的になって結論を出してしまうこともある。そういうときは、少し冷静になるために、夜に出した結論について、一晩寝たあとのすっきりした頭で、朝もう一度、その内容を確認するとよい

❼部下マネジャーにマネージさせる

　部長として成果を出すとは、部下マネジャーを動かして、組織全体を使いこなして業績を出すことだ。部下マネジャー（課長）の頭越しに自分が直接、その下の部下に指示をしては、課長の役割に戻ることであり、また、さらに自分で動くなら、プレイヤーとなってしまう。もどかしいかもしれないが、部下マネジャー（課長）とその部下に担当させ、自分はそれをフォロー、チェックする。

　そのためには、部下マネジャーの特性を見極める必要がある。部下の用い方の特性を把握するうえでは、リーダーシップスタイル（**図表２－８参照**）を使ってみるとよい。メンバーの意見を聞く民主型だが押しが弱いため実行に時間がかかるとか、かなり強引に進める指示命令型で結果は出すが部下からは反発の声もあるようだ、といった特性を把握することが、部下マネ

ジャーにどう接していくかのスタンス確立につながる。成果をあげるためにバランスよくリーダーシップスタイルを発揮している部下マネジャーであれば、かなり任せておける。しかしそうでない場合は、タイプに合わせて、たとえば「みなの意見を聞いて方向性を出したらその実行のために根気よく指示しろ」「指示命令を抑えて意見に耳を傾けよ」などと、どのスタイルを使うか、あるいは抑えるかを指導する。

　次に、部下マネジャーに成果を出させる。期の初めに、あげるべき成果を形にするためにどのレベルまで取り組むかという達成基準を合意し、どう取り組むかの具体的なプランをすりあわせ、実行にあたってどのタイミングでチェックしていくのか、進捗状況によっては別の打ち手を考えるか、などのシナリオをつくって実行させる。部長は、上司として「課長がPDCAを回すように背中を押す」役割をこなすのだ。部下マネジャーが民主型で強く押せないタイプだとしても、その部下マネジャーが責任をもつ組織目標を達成させることが上司の部長としての役割となる。ただし期末になって、未達成だからと問い詰めるのは、指導とはいえない。

❽コミュニケーションの仕組みと文化をつくる

　課長であれば、部下メンバーと１対１で対話し部下を動かすことが仕事だが、部長となると、課長とはそれなりの機会と頻度で１対１の対話がもてても、さらに下のメンバーたちになると、その機会は減ってくる。このため部全体としての方向性をそろえ、士気を高めるには、１対多数のコミュニケーションが重要となる。

　１対多数のコミュニケーションとして工夫すべきものに会議がある。部の定例会議を考えてみたい。会議でどのような内容を取り扱うかを大別すると、①会社の戦略を受けて部として取り組むべき重要課題に手を打つ「戦略面」、②決定したことに対するチェックや、その過程で生じた問題などの「執行・運営面」のいずれかになる。また、その内容について会議でどう処理するかは、①メンバーの合意や会議の長による「意思決定」、②どのように戦略課題を解決するかを討議する「問題解決」、③参加者による「情報共有」に分けられる。

　図表４−９は、ある部の定例月次会議について、新任部長がやり方を変え

図表4－9　会議の内容と処理方法の変化

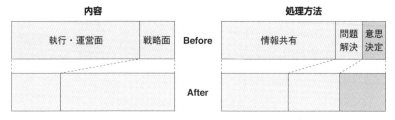

たことで何が変化したかを示したものである。それまでの定例会議は、前月の業績状況について各課長が報告することに多くの時間が使われ、問題解決に向けた討議がなされる場とはなっていなかった。そこでまず議題を工夫し、進め方については、最初に会社の戦略テーマを取り上げ、「会社の戦略課題である営業手法転換のために、来期までに何に着手し、改善するか」をみなで討議し、テーマでの分担を各課長に課し、その進捗を聞く場にした。月次業績報告は後半に回して時間を短縮するとともに、各課の業績は事前にメンバーに配布して共有し、会議の場では、うまくいっていない理由とその対策を各課長が発表し、討議を通じて対応策を固めることに変えた。その結果、戦略面が検討されるようになり、会議の進め方も「意思決定」「問題解決」「情報共有」のバランスがとれたものに変化した。

　コミュニケーションの工夫に加え、PDCAの仕組みづくりも徹底させたい。組織として何をめざすかの目標を具体的な指標に落とし込み、いつまでに達成するのか、その進捗や達成状況をどのように確認、チェックするのかといったPDCAの仕組みをつくり、徹底させる。何をめざすかの目標とは、組織として何をすることを重要と考えているかの意思表明にほかならない。年間目標をもとに月次等の定例会議でその進捗をチェックするようなPDCAサイクルにはなじみがあるのではないだろうか。

　このような会議体やPDCAの仕組みを通じた自分の意思の伝達は、自分の望む行動をメンバーがとるように強化する方法だが、そのような行動をとることが当たり前、すなわち「高い目標にチャレンジするのは当たり前」「問題が起きたら俎上に載せてみなで解決する」「困っていたらチームで助け合う」という文化がすでにでき上がっていると、コミュニケーションもとりや

すい。文化とは、ある行動をとることが当たり前で、それが良いことだというメンバー共通の思いである。第3章であげた組織体質の6タイプ（方向の明確性、基準、責任、柔軟性、評価・処遇、チーム意識）を活用し、自身が部長・組織リーダーとして、どんな文化をつくり出したいか、それを固めてほしい。

　組織体質と文化の例については、以下のとおりである。
◆方向の明確性（方向感）…夢の実現（世界初の技術で、世界一の品質をめざす）
◆基準（目標感）…一桁でなく二桁の成長につながる仕事にチャレンジする
◆責任（責任感）…自らの責任で意思決定し、上司もその決定を認める
◆柔軟性（自由度）…前例に縛られず、新規アイデアを実現する
◆評価・処遇（公正感）…頑張りを認め、褒める
◆チーム意識（一体感）…互いの困りごとに進んで手を貸す

　また、その文化を演出する方法としては、たとえば①ポスターなどで視覚的にわかるものにして、オフィスの壁に貼ったり、パソコンの壁紙など、社員が日ごろ目にするところに示す、②文化を体現できるような事例、成功例を定例会議でリーダーが語る、または実践している人を紹介し褒める（認知する）、③文化を体現する人を重要なポストに就けて昇進させ、人事評価を高くし報酬で報いるなどがあげられる。

　文化（組織体質）をつくる作業は、一朝一夕でできるわけではない。しかしリーダーが発信を継続する中で、その行動をとることにより成功する、良いことがあるという思いがメンバーに積み重なると、変化は一気に起こる。変化点にたどりつくまでが辛抱だ。

第5章 労働法と報酬の基礎知識

管理職とは何かについては、第1章で経営管理の観点から取り上げたが、本章では、管理職にどのような責任があるのかを法的な観点から整理したうえで、労働時間管理、メンタルヘルス管理、ハラスメントについてふれていく。加えて、管理職になると部下の人事評価に携わる。人事評価の結果は、昇給と賞与支払い額の決定につながることから、給与、賞与といった報酬制度について、日本の特色をその歴史的な変遷と海外対比により学んでいきたい。
　日本では従来、人事評価とその結果である昇給・賞与額は、人事部が中央集権的にコントロールしてきたが、この報酬マネジメントをライン管理者へ権限移譲する企業が近年、増えてきている。そのため報酬全般の知識・スキルもライン管理者が習得すべき必須事項となりつつある。

1. 会社の義務と管理職の法的位置づけ

1．賃金支払い義務と安全配慮義務

　どの会社にも就業規則や賃金規則がある。入社時に配布されたり、会社のイントラネットにアップされたりしているはずである。労働基準法で周知が義務づけられているのだ。また毎年、会社から健康診断の案内を受けて受診しているだろう。健康診断は労働安全衛生法で実施が義務づけられている。
　このように、会社が守ることが求められている労働・雇用関係の法律として、雇用の大枠については労働契約法、雇用の詳細となる労働条件等は労働基準法、安全な職場環境の整備については労働安全衛生法がある。本章では雇用と労働条件を定める労働契約法と労働基準法にふれながら、管理職の位置づけや労働時間などの労働条件を整理していく。
　会社と社員の関係は、使用者である会社が提示する賃金や労働時間などの労働条件に対し、雇われる側である社員が同意して労働を提供し、その見返りとして賃金を受け取るという労働契約を結ぶことで成立する。その際、労働者（社員）は労働義務を負い、使用者（会社）は賃金支払い義務と労働者が安全に労働できる労働環境を提供する安全配慮義務の2つの義務を負う。

賃金支払い義務とは、通貨で（物品でなく）、直接労働者に（本人以外の親族や代理人などでなく）、その全額を（分割などでなく）、毎月1回以上、一定期日を定めて支払わなければならないことが労働基準法で定められている。

　賃金に付随する労働条件については、労働基準法で定められた水準を満たすことが求められ、労働時間を強いたり最低賃金を満たさなければ違法とされ罰則が課される。このような法律がないと、極論であるが、1日20時間労働しても100円の給与などという「搾取された」事態も起こりかねず、労働者が人としての生活を営むことが脅かされる。労働基準法では賃金、労働時間や休暇、退職、労働災害補償など、満たすべき諸条件が定められており、違反に対しては懲役や罰則、罰金がある。また、是正勧告により未払い残業代を過去半年分、最長では2年分を支払うよう要請されることもある。

　もう一つの安全配慮義務とは、労働災害を防止して、労働者が安全な環境で仕事ができ健康を保てるようにするもので、労働安全衛生法により、使用者（会社）にはこれを満たすことが求められている。この法律は安全と健康の促進を目的とし、オフィスや工場など職場における物理的な安全と健康の確保から職場でのメンタルヘルス面までをカバーするような内容になっている。その一例が、毎年の健康診断の実施義務である。違反に対しては懲役や罰金が課され、たとえば定期健康診断を行なわなかった場合は50万円以下の罰金刑となる。上司からの執拗な叱責で社員がうつ病となり自殺した場合は、安全配慮義務を怠ったとして、民法第709条（不法行為責任）、民法第715条（使用者責任）、民法第415条（債務不履行）などを根拠に、使用者に多額の損害賠償を命じた判例が多数存在する。

　要約すると、会社には、労働基準法に定める労働条件を満たし、社員が安全、健康に働ける職場環境をつくる義務があり、それに違反すると罰金や損害賠償という制裁が課されることになる。近年、過酷な時間外労働を強いてその結果、自殺者を出すような会社が「ブラック企業」として社会的に問題視されているが、法律を犯しているからブラックと称されるのである。

2．労働基準法における「管理職」

　賃金支払い義務と安全配慮義務を使用者（会社）が負うことは前述のとお

りだが、その責任は管理監督職にまで及ぶのだろうか。管理職は会社の経営責任を一定範囲で委託された存在であるから、会社＝管理職と考えることができる。労働基準法においては、「管理監督者は労働条件の決定その他管理について経営者と一体的な立場にある者」「管理監督者は労働基準法で定められた労働時間、休息、休日の制限を受けない」としている。この法規に沿って一般的に、課長や支店長などの管理職は時間外労働（除く深夜時間帯）をしても時間外手当は支払われず、休日出勤しても手当は出ない。

では、どういう人が「管理監督者」なのか。

たとえば、都市銀行や金融機関における具体的な定義（労働省の通達、昭和52年）では、役員、支店長、事業所の長、本店の部長、本店の課またはこれに準じる組織の長、支店などで本部の課長と同格とされる者と、ライン長が管理監督者とされている。さらに、非ラインのスタッフのうち企画立案等にあたり、課長と同格とみなされる者が管理監督者とある。

また近年は、ファストフード、外食チェーンなどの店長から、管理職として時間外手当が支払われていないが、実態は「名ばかり」の店長なので時間外手当を支払うよう訴えるケースが相次いだ。その判決では、「管理監督者」とは採用、解雇に関する権限、人事考課により評価する権限をもち、勤務シフトを組んだり時間外労働を命じるなどの労働時間の管理にあたること、勤務時間については裁量があり時間管理されていないこと、賃金では一般労働者とは異なり相応の処遇、つまりそれなりに高い報酬を受けていること、などがあげられている。これらが「管理監督者」である管理職となる。

2. 時間外労働と労働時間管理

1. 労働時間、時間外割増賃金と有給休暇

上述の「名ばかり管理職」の裁判で時間外手当の支給が求められたように、労働時間や時間外割増賃金は管理職と非管理職では異なる取り扱いがなされる。そこで時間外労働などの労働時間あるいは休憩、休日について、労

働基準法がどういう考え方なのかをみてみたい。

　労働基準法は、労働者として人に足る生活を営むために、(使用者から)労働者を守るというスタンスを基本とする。そのため、労働時間は週40時間まで、1日8時間まで、休憩は労働時間が6時間を超える場合は少なくとも45分、8時間を超える場合は少なくとも1時間を途中に与え、休日は少なくとも毎週1日と定めている。そして、週40時間以上は仕事をさせてはならず、休日の労働も禁じている。これらの労働時間を法定労働時間という。

　法定労働時間に対して、たとえばある企業で9時始業、17時30分終業、お昼の休憩を12時から13時までとしているなら、1日の労働時間は7時間30分となるが、これはある会社のある事業所で定められている時間という意味で「所定労働時間」という。会社が定めるのだから「社定」ではと思うかもしれないが、同じ会社でも工場と管理部門で始業と終業の時間が異なることもあり事業所ごとに定めるから、「所定」なのである。

　労働時間の上限は週40時間と定められているが、例外として会社と労働組合(組合がない場合は労働者の代表者)の間で合意があり、またそれを行政官庁に届け出た場合は、時間外労働と休日勤務をさせることができる。これは労働基準法第36条の定めであり、この定めによる労使協定を３６協定と通称する。

　また、その時間外労働と休日労働は、本来仕事をさせてはいけない時間にあたるため、割増賃金を支払うことが同第37条で定められている。つまり、時間外労働はさせるべきではなく、もしその労働をさせたら罰金ではないが、その分の賃金は上乗せして高く支払いなさいというものである。また、労使合意さえあれば無制限に時間外労働をさせられるわけではなく、最長で1ヵ月45時間、3ヵ月120時間などの制約がある。

　なお労働時間については、1週当たり40時間ではないものの月(あるいは年)当たりで平均して週40時間となるようにする「変形労働時間制」、一定の範囲内で始業と終業の時間を社員が決められる「フレックスタイム制」、実労働時間を算定しがたいため職務等に応じて一定時間の労働をしているとする「みなし労働時間制」(事業場外みなし、裁量労働制など)がある。また割増率は、通常は2割5分以上5割未満、深夜午後10時から午前5時まで

はさらに2割5分以上、ただし時間外が月間60時間を超える分は5割以上などが定められている。自社の制度内容の詳細を改めて確認してほしい。

　有給休暇については、一定の期間労働した社員に対して会社は、一定の日数の有給休暇を与えることが義務づけられている。勤続6ヵ月以上で年8割以上出勤した社員には10日が付与され、勤続年数が増えるにつれて年次の付与休暇日数が加算される仕組み（ただし最高は20日）である。

　ただし、与えられた有給休暇が残った場合に、その分を賃金で支払い補償することは、日本の法律では認めていない。それは、休暇が心身の健康を保ち、リフレッシュすることを目的とするものであり、社員が休暇をとらずその分、給与を得ることを選択したり、会社がそのような労働を強制する事態を避けるためである。

2. 管理職（管理監督者）への労働時間規制適用

　上記のうち、労働時間の規制は管理職には適用されない。そのため管理職は、週40時間を超えても、またお昼の休憩をとらなくても構わないのだ。

　会社の重要な業務や意思決定などを行なう管理職は、労働時間でしばりをかけることが適さないので、法定時間より労働時間が短くても、10時すぎに遅れて出社するような重役出勤をしても、休日に仕事をしても、あるいは休憩をたっぷりとっても、それはすべて本人の裁量によるもので、特に構わないという考え方である。このため、労働時間による管理対象の外にあるという意味で管理職をエグゼンプト（Exempt）、一般社員をノンエグゼンプト（Non-Exempt）と表現することもある。

　割増賃金は、通常の労働時間を超える分の労働の対価という位置づけだが、管理職には、週40時間という労働時間を制限する線引きがそもそもないので、割増の対象となる時間外労働もない。この考え方により、終業時間後に労働しても、休日に出勤しても管理職は時間外割増賃金が支給されない。そのため、管理職に昇進したことで、時間外割増分を含めた年収が下がることもある。

　また、一般社員に適用される、少なくとも週1日の休日も当てはまらない。一般社員であれば日曜日（休日）に労働した場合に、その分の休みを月

曜日に振り替えるなどの代休がとれるが、管理職は代休という概念の対象とならない。そもそも労働時間でコントロールしていないのである。もっとも実際には、会社の就業規則で管理職も代休はとれる仕組みになっている場合が多い。

　ただし、午後10時から午前5時までの深夜労働時間については、その手当の支給対象となる。深夜という時刻における労働の大変さに対する補償をするためだが、一般社員とは手当割増のルールが異なる。たとえば、月給が48万円、月当たりの労働時間が160時間（1時間当たり3000円）の管理職が22時から24時まで労働した場合、深夜割増率が2割5分（25％）なので、管理職の受け取る深夜割増賃金は、2時間分で1500円となる。これに対し、時間当たり3000円の一般社員が同じように深夜労働したら、2時間分の労働時間に加えて深夜時間分の50％分が加わり、2時間分で9000円となる（3000円の150％）。

　上記の計算例からも明らかなように時間外割増賃金を抑えようとするなら、管理職が多いほうが得策である。これが、経営の一員としての権限をもたない社員にまで管理職の扱いを広げた「名ばかり管理職」の誘因だ。労働当局は、単に職位名だけではない実態の権限などから、労働時間の特例となる管理職であるか否かを定めるように指導している。

　なお、有給休暇については、管理職も一般社員も同じ扱いである。リフレッシュのための休暇はだれにも必要ということだ。

3. 部下に対する労働時間管理

　管理職が部下の労働時間を管理するうえで知っておくべきことにふれたい。

　まず前提として、時間外労働は本来、禁じられているが、労使協定があればその労働を命じてよいというのが、労働基準法の考え方である。このため、時間外労働は管理職が指示するものであり、部下本人から自発的に時間外労働したいと言ってきた場合は、上司が認めた範囲で指示する形になる。そのため管理職には、部下の時間外労働申請を承認するという役割がある。

　また、あまりに時間外労働が多いと本人の健康を損ねるので、そうならないように配慮する必要がある。法律では時間外労働は最長で1ヵ月45時間

（3ヵ月120時間、1年360時間などの制限もある）としており、この時間を超えないようにしなければならない。

　しかし現実には、月100時間を超える時間外勤務が続き、休日もとれずに心筋梗塞で亡くなるなどの傷ましい過労死報道が絶えない。このような事態を招くことなく、部下社員たちが健全な生活を営むためには、労働時間管理が不可欠である。会社としても、時間外労働を抑えることを経営課題として認識している。経団連の調査では2014年の労使交渉で取り上げられた賃金以外のテーマでは、前年に引き続き、時間外労働の削減・抑制、有給休暇の取得促進がトップとなっている。過労死の防止にあたっては、2014年から「過労死等防止対策推進法」が施行され、国としても相談体制を整備し、関連NPO活動を支援している。

❶長時間労働の解消

　なぜ労働時間が長くなるのだろうか。

　2014年および2015年の決算では利益が過去最高となった企業が多いなど、企業業績の好調ぶりが報道されている。企業業績は2004年ごろを底に回復した企業が多い。しかしそれは、売上を伸ばしたというより、コスト削減の経費カットや人員削減、正規社員の代わりに非正規社員を増やすなどの打ち手による効果が大きく、これらの措置は1人当たりの業務量が増えることにつながりやすいといえる。

　また、管理職として自分の部下たちを眺めたときに、「○○さんは深夜までかかっても期限までに仕事をあげてくれるので、むずかしい仕事ほど○○さんにやってもらいたい」など、日ごろの仕事ぶりから、優秀で責任感ある人が時間外まで仕事をすることを頼もしく思っていることはないだろうか。

　時間外労働が多い理由を会社・人事に調査した労務行政研究所の「労働時間管理に関する実態調査」（2007年）によると、トップ3は、「仕事量の多さ」「顧客との関係での納期を守るため」「人員不足」となっている。すなわち、時間外労働を抑制するためには、①仕事の割り振り、②納期などの顧客要望と期待のコントロール、③人員配置と育成がポイントになる。

　このうち仕事量は、まずは仕事そのものを見直し、「限られた時間と人員でこなすべき重要な仕事と、そうでない仕事があるのではないか」「仕事の

進め方のプランや段取りが適切か、手戻りが多く仕事を増やしていないか」「同じ仕事、似た仕事を重複して行なっていないか、集約できないか」「もっと効率的な仕事の進め方はないか」などの視点でとらえ直すべきである。

納期も、そもそもの納期設定が妥当だったのか、必要以上に顧客にいい顔をするために無理をしていないか、納期を優先するあまり仕事を進めるプランづくりが不適切だったのではないか、などを再確認する。

また、人員配置・育成については、「要員・人員不足」を感じたとしても、それを仕事量と人員数とに分解して考えると、仕事量を減らせばその人員でこなせるので不足感は生まれないはずだ。上述のとおり仕事量を適切に見直す一方で、部下の処理能力が上がれば、こなせる量も増えるので、同じ人員数でも多くを処理できることになる。そうであるならば、管理職として指導・助言して部下の力量と習熟度を高めることに取り組む必要がある。

それ以外に、時間外労働を生む要因として「仕事に対する責任とこだわり」がある。従業員に時間外労働が多い理由をたずねた東京都の調査（「平成20年度 労働時間管理等に関する実態調査」東京都産業労働局）では、トップは「仕事量の多さ」だが、次に「自分の仕事をきちんと仕上げたい」があげられていた。

自分の仕事をきちんと仕上げるという意識はとても大切だが、場合によっては過剰品質を生む。どのような仕事も最後の10％の精度を上げるのに、それまでかけたのと同じだけの労力がかかりがちだ。また、仕事の出来の良し悪しを決めるのは、受け手である。そこで、「きちんとした仕事」か否か、アウトプットの質は相手が決めるものでもあり、それを確認してから仕事をするようにさせるべきである。たとえば部下に仕事を依頼するときは、最初にその仕事の出来映えをすりあわせる。あとから、「これは違う」では遅いのだ。部下に任せる仕事の段取りをつける上司としての力が試されるといってよい。また、どのような点を工夫改善するかを助言することが部下のレベル引き上げにつながる。これは、まさしくOJTである。

なお、内閣府の「ワーク・ライフ・バランスに関する個人・企業調査」（平成26年5月）では、労働時間が長い人に対して上司は、「頑張っている」「責任感が強い」ものの「仕事が遅い」「残業代を稼ぎたい」人というイメー

ジを抱き、「仕事ができる」「評価される」とイメージする人は少なかった。また、この調査では、「月60時間以上の残業をしている従業員は、役職にかかわらず、特定の部署で多い」とする回答が42％で最多となっており、労働時間が長いのは特定の部署や人に限られているようである。

OECDの調査では、日本の年間総労働時間は、エコノミックアニマルと呼ばれた1980年代、いわゆるバブルのころには年間2000時間を超え、欧米に比べて突出して長時間働いていたが、2010年では1700時間台へと激減している。バカンスをとるフランスやドイツの1400時間台に比べれば長いが、近年ではアメリカのほうが労働時間は長い（OECD調査「データブック国際労働比較2014」労働政策研究・研修機構）。つまり日本社会全体としての労働時間は短くなっているが、限られた部署で長時間労働、そして過労死などの現象が起きているのだ。

❷有給休暇の申請と時季変更権

有給休暇とは、心身のリフレッシュのために休みをとる権利を社員に与えるものであり、会社はその権利を奪うことはできないという考え方にもとづくものである。そのため、社員が申請したら、そのとおりに休暇をとらせなければならない。ただし、申請された日が業務が忙しく休暇を認めることがむずかしければ、別の日に休暇を取得させるようにすることはできる。これを「時季変更権」という。休暇はとらせるが、その期日は変えられるという意味である。これは、「事業の正常な運営を妨げる場合において」のみ会社・使用者が使える権利で、社員が指定した日に年休がとれるように配慮することなく行使された時季変更権を無効とした裁判例（弘前電報電話局事件、最高裁昭和62年など）もある。

3. 安全配慮義務とパワーハラスメント防止

労働契約法第5条は「使用者は、労働契約に伴い、労働者がその生命、身体等の安全を確保しつつ労働することができるよう、必要な配慮をするもの

とする」として会社に、社員が命を脅かされることなく安全に仕事ができるようにすることを義務づけている。これは安全配慮義務といわれ、工場や建設現場での危険な作業などに対するものだけでなく、メンタルヘルス面も含まれる。そして安全配慮義務を怠った場合は、労働契約法には罰則規定がないものの、民法により多額の損害賠償支払いが命じられた判決が多数出されている。また、労働災害と認定されると療養給付、遺族年金などを支払うことになる。

以下ではマネジメントの問題として、部下のメンタルヘルスとの関係や留意点をまとめる。

1. 指導とハラスメントの境界線

厚生労働省の「職場のいじめ・嫌がらせ問題に関する円卓会議ワーキング・グループ報告」(2012年) では、「職場のパワーハラスメントとは、同じ職場で働く者に対して、職務上の地位や人間関係などの職場内の優位性を背景に、業務の適正な範囲を超えて、精神的・身体的苦痛を与える又は職場環境を悪化させる行為」としており、上司から部下だけでなく、「先輩・後輩間や同僚間、さらには部下から上司に対してさまざまな優位性を背景に行なわれるものも含まれる」としている。そしてパターンとしては、①身体的な攻撃（暴行、傷害）、②精神的な攻撃（脅迫、名誉毀損、侮辱、ひどい暴言）、③人間関係からの切り離し（隔離、仲間外れ、無視）、④過大な要求（業務上明らかに不要なことや遂行不可能なことの強制、仕事の妨害）、⑤過小な要求（業務上の合理性なく、能力や経験とかけ離れた程度の低い仕事を命じることや仕事を与えないこと）、⑥個の侵害（私的なことに過度に立ち入ること）の6分類をあげている。

実際の職場で、管理職はその職務を全うするために、部下に仕事を与え、それが的確に遂行されるように指導する。その指導を、「適切な指示で明快」「仕事をより良く進めるうえでの気づきになる」「信用して任せてもらっているので頑張りたい」と思うか、「ポジションパワーをかさに無理な要求をする」「（うまく進まない理由に自分の人格面をあげられて）人として否定されたようで憤慨する」と感じるかは、部下によって異なる。ある部下には

受け入れられた指導も、それを脅迫と感じる部下もいるのだ。そして脅迫と感じる部下には指導ではなくハラスメントと受けとめられる。

「エネルギッシュでぐいぐい引っ張る」「みなの意見を吸い上げて物事を円滑に進める」「優秀で明晰だが部下の意見は切り捨てる」など、上司にはいろいろなタイプがいる。同じように部下も「10まで言わずともすぐに意図をわかって物事を進められる」「実直で時間がかかっても何とか形にできる」「真面目に取り組むが、迷路に入り込みなかなか結論を出せない」などさまざまだ。

上司、部下それぞれにタイプが異なるので、指導とハラスメントの違いを杓子定規的に決めることはできない。たとえば業務の進め方について、上司が「バカじゃないの」と部下に言った場合でも、この上司と部下の間で十分なコミュニケーションがあり、上司が部下の力量を評価し、部下も上司を尊敬していたら、この発言に対して、部下は自分の足りない点の指摘と受けとめ、「あ、私の至らないところはその点でした」となるだろう。ところが、上司と部下が日ごろからコミュニケーションがあまりなく、上司は部下を頼りないと思い、部下は上司が一方的に仕事を押しつけてくると思っているなら、部下は「いくら上司であっても、人格をないがしろにする発言で受け入れられない」となるだろう。すなわち「精神的な攻撃」と受けとめてしまうのだ。

上司として部下を指導することは、まさしく管理職の仕事である。そのため、指示するたびに、ハラスメントになるのではとびくびくするのもおかしな話である。しかし、上司が当たり前と思っていることの指摘や発言であっても、それが部下にどのような心情を引き起こすかに気づいていないなら、ハラスメントにつながるおそれがある。

日ごろ、自分は部下とどのようなコミュニケーションをとっているか、前述の6パターンに陥っていないかを振り返りたい。複数の部下をみている管理職であれば、良好なコミュニケーションをもてる部下とそうでない部下がいる可能性もあるので、この振り返りは部下ごとに行なうとよい。また、上司自身がプレッシャーにさらされているときほど、部下へもそれが伝わり、強制的な指示命令となりやすいことから、期末などで業務プレッシャーが強

い時期とそうでない時期など、上司のおかれた環境で異なる言動となっていないかもチェックしたい。

2．ハラスメントによるメンタルヘルス障害の増加

　図表5－1は労働災害として認定された脳・心臓疾患の件数とそのうちの死亡数、そして、メンタルヘルスが損なわれた精神障害の件数とそのうちの自殺者数の推移である。精神障害による労災数が一気に増加している（厚生労働省「脳・心臓疾患と精神障害の労災補償状況」2014年）。

　脳・心臓疾患による労災とは、過重な労働によりクモ膜下出血や心筋梗塞などに至る、またはそれにより死亡する場合で、いわゆる過労死にあたる。平成24（2012）年には、労災認定338件のうち、39歳以下は65件だが、40〜49歳が113件、50〜59歳が118件と中高年が多い。また、1ヵ月当たりの平均時間外労働時間数では80時間以上100時間未満が116件、100時間以上120時間未満が69件、それ以上は97件と長時間労働が疾患をもたらしていることが読み取れる。

　精神障害について、同じく平成24年度に労災認定された475件の理由としては、仕事の量・質に関しては「仕事内容・仕事量の大きな変化を生じさせ

図表5－1　労災認定された過労死と自殺者の推移

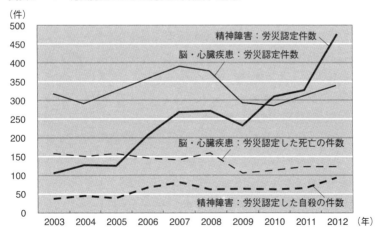

る出来事」59件と「1ヵ月に80時間以上の時間外労働」32件があげられている。対人関係では「ひどい嫌がらせ、いじめ、または暴行を受けた」55件と「上司とのトラブルがあった」35件、「セクシュアルハラスメントを受けた」24件と、ハラスメントがメンタルヘルス障害を引き起こしている。ほかに退職強要8件、配置転換12件、顧客や取引先からのクレーム13件などもある。

また、職場でのいじめや上司によるハラスメントがもとで自殺に至った例には次のようなものがある（『パワーハラスメント　なぜ起こる？　どう防ぐ？』金子雅臣著）。

【K共済病院事件】（さいたま地裁2004年9月24日判決）
> 准看護師として勤務しながら看護学校に通っていたAが病院の物品設備部門責任者の先輩から、日常的に個人的な使い走りをさせられるなどのいじめを受けて自殺した。仕事上でも残業を強要され、仕事のミスで「何をやっているんだよ。お前がだめだから俺が苦労するんだ」などと言われ、「死ねよ」「お前のアフターは俺らのためにある」「殺す」などと言われ続けた。Aに対するいじめは3年以上も続いており、病院はいじめの事実を認識していながら、防止する措置をとらなかったという両親の訴えに、さいたま地裁はいじめの実態を認定した。そして、不法行為の成立、安全配慮義務違反を認め、総額1500万円の支払いを命じた。

【N化学事件】（東京地裁2007年10月15日判決）
> 医薬品の製造、販売を業とするN社で働いていたBが、上司である係長から「お前は給料泥棒だ」などと言われ続けて自殺した。Bの勤務していた営業所はN社内での営業成績が低いため、体質改善を目的に係長が派遣された。この係長は、Bの日ごろの勤務態度について「営業担当者でありながら、背広に汗がにじんでいるのに替えない」「フケが付いている」「喫煙による口臭がする」などと注意を繰り返した。また、仕事ぶりについて「おまえ対人恐怖やろ」「病院を訪問せずに給料を取るのは給料泥棒だ」「病院の回り方がわからないのか。何年回っているんだ。そんなことまで言わなければならないのか。勘弁してよ」などと叱責した。うつ状態となったBは「存在が目障りだ。いるだけでみんなが迷惑している。お前のカミさんも気がしれん。お願いだから消えてくれ」「どこへ飛ばされようと俺はBは仕事をしない奴だと言いふらしたる」など、上司から言われたことを遺書に書き残し自殺した。東京地裁は自殺と上司の暴言との因果関係を認

め、損害賠償を認めている。

3．パワハラをなくす取り組み

　これらは、パワーハラスメントのもっとも傷ましい例だが、パワハラをなくすためには、どんな点に留意したらいいのだろうか。実例をあげて考えてみよう。

　ある機能本部のリーダーであるＣさんは、他社からヘッドハントされて経営幹部として従事しており、自分のこれまでの実績にも自信をもっていた。頭脳明晰で、主張が強く、組織を牽引することを強みとする一方で、部下たちにはかなりきつい口調で叱責していた。そのため部下たちは疲弊した状態にあったが、Ｃさんは部下たちがどのように感じているかには鈍感であった。そのような現状が人事部に伝わると、社長はＣさんの言動が組織力を損なうレベルに至っていないかと危惧し、社長、人事担当役員、そしてＣさんで面談がもたれた。その場で社長から、部下をないがしろにすることは会社の価値観に反する行為だとして改善が要請され、Ｃさんはそれを理解して行動改善することに同意した。

　このケースは、①人事部がパワハラを察知し、それを問題として取り上げる機能をもっていた、②社長が会社の価値観に反する行動であるため改善を求めた、という点が解決に寄与している。

　前述の厚生労働省の提言（「職場のいじめ・嫌がらせ問題に関する円卓会議ワーキング・グループ報告」）では、職場のパワーハラスメントをなくすために取り組むべきこととして以下をあげている。

◆企業や労働組合はパワーハラスメント問題をなくすよう努めるとともに、それが形だけのものにならないよう、職場の一人ひとりにもそれぞれの立場から取り組む
◆トップマネジメントは、こうした問題が生じない組織文化を育むために、自ら範を示しながら、その姿勢を明確に示す
◆上司は、自らがパワーハラスメントをしないことはもちろん、部下にもさせてはならない。ただし、必要な指導を適正に行なうことをためらってはならない

◆ 職場の一人ひとりに、①人格尊重（互いの価値観などの違いを認め、互いを受けとめ、人格を尊重し合う）、②コミュニケーション（互いに理解し協力し合うため、適切にコミュニケーションを行なうよう努力する）、③互いの支え合い（問題を見過ごさず、パワーハラスメントを受けた人を孤立させずに声をかけるなど、互いに支え合う）を期待する

　社員、管理職として一人ひとりの取り組みも重要だが、会社としてハラスメントに対する規律ある施策がとられることも等しく重要である。先ほどのCさんのケースでは、会社の価値観からハラスメントはノーとしていた。しかし、権限をもつ経営幹部にだれも釘をさすことができず、何をしても許されるという価値観の会社もある。その組織は疲弊し、仕事に前向きに取り組める状態ではなくなり、長期的には業績の悪化につながる。けっして社員よし、管理職よし、会社よしの「三方よし」ではない。

　メンタルヘルスに関しては、第6章で詳述したい。

4. 日本の評価・報酬制度の特色

　管理職になると、部下の人事評価を一次評価者として行なうことがその職務役割として求められる。その評価は、上位者の部長が二次評価し全体が調整されるにせよ、管理職は部下評価に関与し、その評価結果により、部下の報酬（昇給と賞与）に影響を与えることになる。そこで、給与とは何かの理解を深めるために、基礎知識として日本の報酬制度の歴史的な変遷と特色を整理したい。

1. 給与と賃金

　労働の経済的対価として支払われるものに給与（Salary）や賃金（Wage）がある。双方とも同じものだが、Salaryは兵士に支払われた給与を表わすラテン語で当時、貴重な塩を購入する代金にあてるものという意味で使われていた。ホワイトカラーやエグゼクティブに支払われる報酬として用いられる

場合が多い。一方でWageはブルーカラーなどに支払われる労賃という意味で多く使われ、飲食チェーン店のアルバイトなど時間単価をもとに支払われるものも該当する。賃金については最低賃金法に従って国が都道府県域ごとに最低賃金（１時間当たりの額）を定めている。会社に従事するパートやアルバイト社員に対しては、この額を満たす必要がある。アメリカやイギリスでも同じように最低賃金をMinimum Wageとして、国がその額を定めている。

　江戸時代の慣行からの整理もある。給与は「商家の奉公人に支払うもので、雇い主が恩典的に与えるもの」、賃金は「仕事を依頼した依頼主が、その出来高に応じて職人に支払うもの」でかつては賃銀といわれていた。給与は雇い主がその仕事ぶりを認めて感謝して与える報酬、賃金は仕事に対する正当な対価として対等な関係で支払われる報酬という区別である（『日本の賃金を歴史から考える』金子良事著）。この見方にもとづくと、国家公務員に支払われる「俸給」は、国に奉仕した仕事ぶりを認めて国から恩典的に支払われるので「給与」になる。春闘などの労使交渉の際は「賃金」が使われている。組合としては労働の対価であるという点、また会社としても恩典的に与えるものではなく、交渉の席に着くこと自体が対等な立場で臨むことを明瞭に表わす意味でも賃金となるのであろう。

　また給与、賃金以外にも、手当（たとえば扶養する家族の数に応じた家族手当）や賞与などがあるが、本節ではこれらを含めて「報酬」として扱う。

２．報酬・評価制度の変遷

　日本の報酬の特色について、戦後から今日までの変遷を整理すると、**図表５－２**のとおりである。

❶終戦直後の制度

　戦時中、政府は賃金統制令を出し、給与は、「生活の基本は家であるため、年齢と家族に考慮して支払うべき」として、家族給と年齢給を推奨していた（『勤労規範：草案』軍需省・厚生省共編）。この考えを引き継ぎ、開花させたものが、「電産型賃金」と呼ばれる体系である（**図表５－３**）。終戦直後の1946年に日本電産組合（電気の配送電事業９社による労働組合）が経営

図表 5 − 2　戦後日本の報酬・評価制度の変遷

		時期	報酬制度	人事評価と上司・部下コミュニケーション	社会・経済動向
戦後の賃金制度の変革	生活保障給・能力給（電産型賃金）	1946年ごろ	年齢給5割、家族給2割、その他生活給的要素1割、能力反映部分2割		・1945年：終戦 ・1948年：労働争議頻発 ・1951年：対日講和条約締結
	ブルーカラー職務における職務給（製造原価）	1950年代	1952年十条製紙、53年本田技研、62年鉄鋼大手、64年電機各社など		・1954〜73年：高度経済成長期 ・1964年：東京オリンピック、新幹線開通
「日本型賃金」の定着	職能給／職能資格制度の普及（「日経連能力主義管理研究会報告」1969年）	1970年前後〜	・画一的年功制（学歴・年功）から職務遂行能力（能力・適性）へ ・職能資格等級（職務遂行能力による資格等級）による賃金と昇格管理 ・資格等級と職位／ポストの切り離し	・能力、勤務姿勢を評価し、基本給・昇給へ。業績・実績を評価し賞与へ ・人事評価については、最終結果通知のみ（本人、上司の話し合いは行なわず）	・1971年：円変動相場制へ ・1973年：オイルショック ・1987〜91年：バブル期
成果型賃金へ	成果主義型へ	1990年代後半〜	・職能等級から職務・役割等級へ。業績連動型賞与制度 ・製薬、電機企業が先導し導入 ・導入後に制度修正（個人成果よりチーム重視など）	・目標管理制度による業績評価、コンピテンシー等による能力評価 ・評価について本人、上司で話し合い、結果を開示	・1997〜98年：金融破綻
	グローバル対応化	2010年ごろ〜	・グローバル共通の等級制度、人事評価制度へ（電機企業）		・2010年：主要企業の中期計画で売上高海外比率が5割超の企業が相次ぐ

出所：笹島芳雄「日本の賃金制度：過去、現在そして未来」（『経済研究』第145号）、遠藤公嗣「電産賃金体系における能力給と人事査定」（『大原社会問題研究所雑誌』第437号）

図表5-3　電産型賃金体系

注：このほかに、基準外として非定期的に都度支払われるものに時間外手当、当直手当、特殊労働手当などがある

に要求し、労使合意した賃金体系は「年齢を基準とする本人給、家族給、地域給と能力給」で構成されていた。生活保障の色彩が強いこの制度は銀行など他産業に広がり、日本における典型的な仕組みとなっていった。

その後、経済が安定してくると、人事管理面でも先進的なアメリカの取り組み方法をもとに、日経連（日本経営者団体連盟）が賃金制度の合理化をめざすようになり、また製造原価のもととなる労働コストの標準化のために、生産職における職務給の導入が進んだ。ただし、ホワイトカラーにはこの職務給は取り入れられていない。

❷職能資格の出現

電産型賃金は年齢、勤続年数が賃金を決めるため、年功制の色彩の強い制度である。毎年の賃上げの際に、年齢と勤続年数が増えるのにあわせて自動的に賃金が上がることは、経営の合理性の観点からは受け入れがたく、昭和40年代（1970年前後）には、社員の能力に応じて昇給にメリハリをつける制度として職能給と定期昇給（今日の定昇）が日経連により推奨された。これにより、学歴・年功制から能力に応じて賃金や昇進に差をつける（処遇する）能力主義へのシフトが進んだ。ここでいう「能力」が職務遂行能力（職能）である。人事評価についても、人柄や性格特性ではなく「能力」の評価へ、そして能力が顕現された実績を評価する「業績」の評価へと転換が進んだ。能力評価は賃金と昇格へ、業績評価は賞与へ反映されるとともに、その定義・概念が定着していった。

ただし、能力評価を客観的かつ公正に行なうことはむずかしいため、大きな給与差や昇格差はつかず、ある程度の学歴・年功制が残った。また会社が成長し、若年者を採用することで組織ピラミッドが維持できれば、年功制

は「あの年次くらいになれば、自分も昇進して課長になれる」などの良い期待をもたらすことから、社員のモチベーションを高め、組織活力を生み出した。1970年代の高度経済成長期からバブル期の1980年代後半は、日本社会の人口構成において大きな存在である団塊世代（1947年～1950年代前半までの出生）が、20歳代で企業に入社してから中間管理職として活躍する時期（40歳代前半）に重なる。1980年代の日本型経営（終身雇用、年功制、企業内組合）の礼賛時代ともあいまって、この職能給はうまく機能した。

　職務内容に応じた職務給の場合、同じ職務に就くのであれば賃上げとならず、本人の習熟や能力開発についての動機づけがしにくい。しかし職務遂行に必要な能力に応じた職能給はこの動機づけがしやすく、だれがどの職務を担当するか、人材を柔軟に配置できることも、職能給の利点とされる。

　では、能力に応じた評価と昇進はどの程度の個人差をもたらしていたのだろうか。新卒で入社した社員を長期雇用するにせよ、全員が幹部ポストに就けるわけではない。ある程度の時間をかけて人材をふるいにかけ、より優秀な者を選び出す必要があり、そのためにも人事評価が不可欠である。その長期のキャリアトーナメント（勝ち抜き戦）の実態を示したものが図表5－4である。22歳で入社した同期入社者を100％として、入社から6年たった28

図表5－4　大卒男子の昇格状況（例）

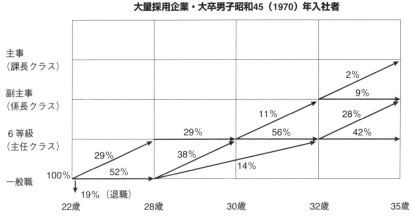

出所：花田光世「人事制度における競争原理の実態」（『組織科学』1987年夏季号）をもとに作成

歳では 3 割が主任クラスへ進むが、残りは一般職のままという差がついている。さらに13年たった35歳では課長クラス 2 %、係長クラス37%、主任クラス42%と昇格・昇進差がより大きくなっていることがわかる。

❸成果主義への転換

　1980年代後半から1990年代前半までのバブル経済が崩壊し、1997～1998年には金融破綻が相次いだ。これを境に日本の企業では人事制度に変容が生じた。1999年の経済白書では、雇用、設備、債務の 3 つが過剰とされ、人事の領域では、リストラによる雇用負担の軽減、正規社員から非正規社員への切り替えが進むとともに、年功型賃金制度の見直し、固定的・下方硬直性の強い人件費コストの変動費化が制度改編のテーマとして大きく意識されるようになった。

　このうち、年功制については、社員の人員構成上で大きなウエートを占める団塊世代が45歳以上となり、いっそうの人件費負担が進むことが見込まれ、保有する能力がベースとなる職能に応じた社内資格等級では「中高年社員や中間管理職は、いまやっている仕事内容に比べて報酬が高い」「社外の労働市場での公正な価値・報酬額よりも高い社内価値・報酬額」などが問題視されるようになった。そのため仕事の内容に応じた報酬として、職務サイズを測って一定の点数幅で括る職務等級・職務給、あるいは職務区分ほど細かくせずに初級管理職、中級管理職など類似した役割で大きく括った役割等級・役割給を導入する企業が増加し、職能給から役割・職務給への転換が急速に進んだ。

　賞与についても、以前から会社業績で変動するという理解が労使双方にあったが、それを明確な計算式で表わした業績連動型賞与制度が仕組みとして定着するなど、人件費コストが変動費化するようになる。

　また、同じ職務にあっても優れた業績をあげる者とそうでない者が生じるので、業績に応じた処遇とするため、期の初めに業績目標を立て、その目標に対する達成度合いや期中にあげた貢献を評価する目標管理制度の導入が進んだ。業績・結果評価だけでは、努力したが結果が出なかったり、逆に、前任者のまいた種が花開き、労せず結果を手にした場合は公正な評価とならないので、成果をあげるまでのプロセス・過程でどのような能力を発揮したか

を評価する能力評価もあわせて取り入れられた。能力は賃金や基本給、成果は賞与という反映のさせ方は、職能給の時代からとられていたが、この時期以降、それがより鮮明となった。

　アメリカでは成果・業績に応じた報酬としてPay for Performanceへのシフトが1990年代に進んだが、やや遅れながらもそれと軌を一つにするように、日本でも「成果主義」と称され、年功から成果に応じた処遇へのシフトが多くの企業でみられた。

　なお、1999年から減少していた職能給だが、2004年ごろから成果主義に対する批判が相次ぎ、職能給に戻したり、修正する動きが見られた。たとえば、自分の手柄をあげるために個人主義となり、かえって活力と士気が損なわれ、チーム全体としての業績が低下したり、達成率をあげるために低い目標を立てるなどが散見されるようになったからで、成果主義は悪弊というレッテルを貼られた感もあるが、現在では行き過ぎた成果主義への修正として、個人業績だけでなくチーム貢献を、達成率ではなく成果そのものを絶対評価する、あるいは目標の設定が妥当となるように、上位者自らが高い目標やチャレンジングな目標にコミットし、それを下位者へブレイクダウンさせるなどの措置が講じられている。成果主義が変容しているわけではないのだ。

　一度は盛り返した職能給だが、リーマンショックから回復する2009年ごろ以降は逓減し、一方で役割・職務給が漸増している。その背景にあるのが、グローバル化である。

　少子高齢化が進む日本では労働力人口は1998年にピークとなり、以降は漸減している。労働者数が減ることは、消費者の減少や市場の縮小につながる。国内市場ではこれ以上の成長は期待できないことから、海外に活路を求める企業も多く、海外売上比率の増大を戦略目標に掲げるなどグローバル化が進展した。連結ベースでみると、国内よりも海外の社員数が多い企業も増えており、人事制度も日本だけで完結するのではなく、海外現地法人にいる現地社員にも対応しうる制度が必要となるからだ。

　成果主義型の人事制度とは、役割・職務という仕事内容を基準にして、今期どのように取り組むかを目標管理で明瞭化し、成果をあげた人が多くの報酬を手にする仕組みである。この制度をうまく使いこなすためには、管理職

として、まず「自分の役割は何か、どのような成果をあげて会社に貢献するのか」という問いかけがスタートになる。次に「部下にどのような期待をもち、それを目標として担ってもらうにはどうすべきか」、そして部下が成果をあげる過程では「どう部下の力を引き出すか」「どのように部下の貢献を認めて評価するか」を明確にする。これは管理職としての組織と人のマネジメントそのものともいえる。

3. 手当、福利厚生の位置づけ

　日本の報酬の特色をあげると、①生活保障的な手当、②定昇とベア、③賞与がある。このうち手当は、賃金のような労働の対価ではなく、社員の私的生活を補うもので、たとえば扶養家族に応じた家族手当、家賃補助の意味での住宅手当、持ち家取得を促進するための財形貯蓄や住宅ローンの利子分を補填する利子補給、北海道や東北などで冬場に支給される寒冷地手当などがある。このような手当は日本独特の慣行で欧米には存在しない。上述の電産型賃金が戦時中の政府統制の影響を受けていることにふれたが、家族手当ができたのはさらに遡った大正時代で、第一次大戦による物価上昇に経営側が配慮したことがその起源とされている（「なぜ賃金には様々な手当がつくのか」笹島芳雄著（『日本労働研究雑誌』第585号））。

　1990年代後半に進んだ人事制度の成果主義型への転換において真っ先に疑問符をつけられたのが、この生活保障的な手当である。仕事の成果と関係ないこれら手当を削って、定昇を維持するための賃上げに回したいというものである。ただし少子化が進み日本の市場そのものが小さくなったことにともなう売上の鈍化・減少に歯止めをかけるために、家族手当は維持する、あるいは出産一時金・祝金は増やすなどとするケースも見受けられる。

　会社と社員の関係を考えるうえでは、手当や福利厚生を厚くするほど、会社が社員を抱え込む濃い関係を志向していることを示す。それはあたかもリトマス紙のような存在であり、社員の価値観とも関係する。すなわち「仕事を超えた私生活に関するところまで会社がケアしてくれるので、社員は会社に強くコミットし、仕事に取り組める」、あるいは「会社と社員は仕事とその対価である報酬で結ばれ、それは対等な関係であり、私生活まで会社に関

与してほしくない」である。若手ほど、後者の傾向が強いとされるが、昨今は厳しい就職活動を経て入社していることから、その組織に安定的にコミットし、「絆」を求めるという特性が強くなっているようである。それを反映してか、最近は運動会などの催しを復活させる会社も出てきている。

　手当と福利厚生は、社員と会社の双方が価値を見出せるのであれば、設け、維持すべきである。しかし、社会の価値観の変化とともに、かつてはニーズがあったが、いまでは必要ないと社員が感じるならば、無理して維持すべきものではない。

　福利厚生を英語ではベネフィットといい、「お得、便益」を意味する。会社としてこれら仕組みのあるなしに関係なく、管理職としては、部下とのコミュニケーションや一体感を増進できるのであれば、仕事以外の催しに取り組む価値があるだろう。

4. 定昇とベア

　給与・賃金については定期的な賃上げ（ベースアップ）が行なわれる。ベースアップを略してベアというが、和製の概念である。全社員を一律賃上げするもので、一定の率で賃金表そのものをアップさせることを意味する。物価上昇が大きい場合、その分の賃上げをしないと賃金の価値が保てなくなることがその根拠である。

　1989（平成元）年以降の賃上げ状況では、定昇（定期昇給）による昇給率はおおむね2％で推移している。この昇給率にベアを加えたものが賃上げ率であり、「賃上げ率＝おおむね2％＋ベア率」となっている。バブルのころはベアが4％近いこともあり賃上げ率が6％を超えていたが、2000年ごろからベアはゼロ状態、賃上げ率も2％を切る状態が続いていた。それが2014年の春は、消費増税を進めるために首相が賃上げを要請し、企業経営に政府が介入するなど、これまでにない展開となった。経営環境の良さもあり、過去最高益をあげた企業が多かったことから、1997年以来の高い賃上げ率となっている。

　ベアは、物価上昇率が高いインフレ時には機能するが、2000年以降のように物価上昇率がほとんどない、あるいはマイナスとなる場合は、組合として

も要求しにくく会社としても受け入れられないので、ゼロ状態となっている。ベアと消費者物価指数がおおむね似た波形なのはそのためである。なお、2014年は久々のベアだったが、その伸びは消費者物価指数ほどではなく、実質的な賃金アップとはいえない状況にある。

　一方、定期昇給は人事評価の結果などをもとに行なわれるもので、基本的には年1回の定期的な賃上げである。欧米や中国など世界でも行なわれている。

　ベアと定昇の違いを概念的に示したものが図表5－5である。この例は、賃金テーブルに号数が定められ、1号は200,000円からスタートし、号と号の間の1ステップ差を1,300円と設定している。また、考課結果に応じて、いくつの号が上がるかが定められており、標準的な評価であるB評価では、号数は3つ上がる。全員が高い評価となるわけではないので、正規分布を想定し、B評価は全体の40％とする。なお人事考課がS（良い）だと6つ上がり、D（悪い）だと据え置きと設定されている。

　2014年に入社した新人が初任給200,000円で賃金テーブルは1号になったとしよう。翌年の2015年は会社として利益があがらなかったなどによりベアがなかった場合、この賃金テーブルは書き換えがないので1号の200,000円は同額だ。2014年の賃金の線と同じ線になる。そして人事考課が標準的なB評価だった場合は3つ号数が上がるので、1号から4号203,900円に移る。そのときの昇給率は1.95％だ。

　もしベアが1％あった場合は賃金テーブルそのものが各号とも1％上昇し1号が202,000円となる。1号でB評価の場合は3つ号数が上がり4号205,900円に移り、2.95％の昇給となる。

　これは、公務員等に多い号ステップ型の賃金テーブルをもとにした例である。実際には、このようにだれもがどこかの号と額に位置づけられるテーブルではなく、いまある賃金に上乗せとなる人事考課成績別の昇給額ないし率を定めたもの、勤続年数によるテーブルと組み合わせたものなど、さまざまなバリエーションがある。

　ベアは労使交渉で決まるので、管理職がその決定に関与することはない。しかし定昇は、管理職が下した人事考課がもとになるため、公正な評価を行

図表 5－5　ベアと定昇の違い

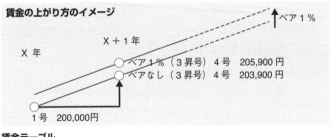

賃金テーブル

号ステップ差	1,300			X＋1年・ベアなし			X＋1年・ベア1％	
X年								
号		人事考課	号			号		
:	:							
7	207,800	S	7	207,800	3.90％	7	209,800	4.90％
6	206,500		6	206,500	3.25％	6	208,500	4.25％
5	205,200	A	5	205,200	2.60％	5	207,200	3.60％
4	203,900	B	4	203,900	1.95％	4	205,900	2.95％
3	202,600	C	3	202,600	1.30％	3	204,600	2.30％
2	201,300		2	201,300	0.65％	2	203,300	1.65％
1	200,000	D	1	200,000	0.00％	1	202,000	1.00％

人事考課成績	昇号数	分布
S	6	5％
A	4	25％
B	3	40％
C	2	25％
D	0	5％

なうことが求められる。

5．業界横並びから業績連動の賞与へ

　賃金は一度上げると減額することはむずかしく、また生活を賄うための報酬であるために安定的であることが求められる。このため賃上げ率がマイナスとなることはかなりの例外的措置である。一方、賞与は会社の業績に応じてアップダウンがあるという理解が一般的である。

　賞与の原型は、江戸時代に商家で丁稚・手代に支給した餅代、盆の藪入りに支給した小遣いやお仕着せとされており、恩恵的な給与という性格である。一方で、利益配分・業績連動という一面もある。江戸時代の商家・西川家の記録では寛政元（1789）年以降に、「三ツ割銀」として年2回の決算を

終えると純益の3分の1を従業員に分配している（東京西川HP）。明治6年設立の第一国立銀行では利益配分ルールをつくり、毎期純利益の12％を役員へ、2％を職員へ賞与として配分している。また郵便汽船三菱会社では明治9（1876）年に、競合会社との競争に奮闘した社員に報いるために賞与を支払っている（三菱グループHP）。これらには、事業成果をあげた社員を報いるという賞与の特性が示されている。第二次大戦後もGHQ統治下で賞与が支給されている（『富士通労働組合運動史』によると、現在の冬の賞与と同義となる越冬資金を1946年に獲得している）。

　高度経済成長から2014年までの賞与月数を振り返ってみると、賃上げのピークだった1970年代前半は6ヵ月、それ以降、バブル期の90年代前半までは5～5.5ヵ月、金融破綻が相次いだ98年から4ヵ月台へと低減していくが、賞与月数が0ヵ月となることはなく4.5～6ヵ月の間で振れている（『賞与・一時金調査結果』日本経済団体連合会、東京経営者協会）。また営業利益などの財務値をもとに一定の計算式で賞与月数を決定する方法が98年から電機メーカーなどで導入された。**図表5－6**はその計算式の例であり、明確に「固定4ヵ月＋0～2ヵ月」とある。制度設計にあたり、それまでの自社および同業他社等の賞与月数の状況について検証すると、最低は4ヵ月、最高は6ヵ月という水準感があったからだ。

　なお、春闘のマスコミ報道において、賞与の妥結について「4.8ヵ月」あるいは「80万円」などの数値が示される中で、「業績連動」とだけ示される会社もある。その会社は上記の賞与を決定する計算式をすでに労使で合意しているのだ。

　90年代まで、日本では賃上げ・賞与ともに、自動車、電機、鉄など業界ごとに水準セッターとなる企業の妥結状況をもとに業界各社が似た水準で合意・妥結していた。労働組合も業界ごとに形成されていたため、このような「業界横並び」の方式が、労使ともに落とし所としてうまく機能していた。しかしながら、同じ業界でも会社業績に差が出ると、このような業界横並びとすることがむずかしくなる。バブル崩壊後、厳しい経営環境におかれる中で、賞与月数を決めるにあたり、労使ともに納得できる透明性のある賞与決定方式が求められた。それが業績連動型賞与である。たとえば電機業界で

図表 5 - 6 　営業利益などにもとづく賞与計算式（例）

	電機A社	電機B社
実施時期	1998年の年末賞与より（冬夏型協定）	2000年の夏季賞与より（夏冬型協定）
対象	組合員	組合員・幹部社員双方 （ただし、下記は組合員の事例）
制度概要	年間賞与＝固定4ヵ月＋インセンティブ （業績反映：0〜2ヵ月） 上記インセンティブ分につき業績にもとづき原資決定	年間賞与＝固定4ヵ月＋加算部分 （上限：2ヵ月） 上記加算部分につき業績にもとづき原資決定
業績指標	営業利益（単独）	営業利益（単独）
決定方式	賞与支払前営業利益＊×9.3％＊＊ ＊前年度の「組合員に支払った賞与総額＋営業利益」 ＊＊1987〜97年（1992〜94年除く）の実績値の平均	前年度営業利益＊×7％＊ ＊過去10年間の支給実績（異常値除く）から算出した平均値
備考	インセンティブ比率は労使での協議の余地あり	原資の資格別の割り振り、査定分の割合は交渉事項 幹部社員の賞与原資は、EVA／FCF／経常利益などを考慮して決定

　は、2000年当時は17社のうち10社が業績連動制となっている。1990年以前も景気・経済環境と会社業績により賞与月数が変動しているが、この仕組みにより2000年以降は、自社の業績との連動性が高まったといえる。

　海外との対比という点では、欧米の非管理職層ではボーナスはほとんどない。日本の上級総合職に相当するプロフェッショナル職あるいは初級管理職層から支給され、次長・部長クラスで基本年俸の20％、月次基本給の約2ヵ月程度である。日本の賞与は名目上は4〜6ヵ月であるため、欧米の倍以上となる。しかし実質のところ、賞与のうち4ヵ月は固定的であり、それから上が会社や個人の業績に応じた本当のボーナス分だという見方をすると、次長・部長クラスでは海外よりやや小さくなる（賞与を最高6ヵ月、固定4ヵ月とすると実際に変動する2ヵ月が欧米など海外企業におけるボーナスと一致する。その場合、海外企業の年間基本給に相当するのは、月次基本給12ヵ月＋固定賞与4ヵ月＝16ヵ月となる。実質変動2ヵ月は、この16ヵ月の13％ほどで、20％の欧米よりはやや少ない）。

5. 海外との対比にみる日本の報酬の特色

　これまで、歴史的な変化を中心に日本の報酬の特色を整理した。ここでは、グローバル化対応が求められる経営環境をふまえ、海外の報酬制度と対比させることで日本の報酬の特色を浮かび上がらせてみよう。

1. 課長クラスまでは世界トップ水準

　1970年代には「1億総中流」と呼ばれていた日本社会は、2000年ごろから若年層での就業困難や非正規社員化などにより所得差が広がり、「格差社会」という言葉まで生まれた。ただし世界に目を転じると、アメリカや中国など、はるかに日本より経済格差が大きい社会も存在する。所得格差を測る指標にジニ係数があり、日本はOECD加盟先進国34ヵ国の平均位である。

　ヘイグループが世界各国で行なっている報酬サーベイ（2015年）のグラフが図表5-7である。横軸のHay Gradeの数値は職務サイズを表わし、数値が大きいほど上位職となる。日本の大手企業の初級課長クラスにあたるHay Grade16の報酬を1として他を指数化し、欧米とアジアを対比している。なおこのグラフでの報酬とは毎月の給与に賞与を加えた年間報酬である。

　日本の報酬（正社員）は、課長クラスまでは世界の主要国の中でもトップクラスだが、上級管理職のあたりから劣後し始める。中国は下位職務と上位職務での報酬差がきわめて大きい。

　図表5-8は日本と欧米の役員の報酬水準を対比したものである（日米は2010年、欧州は2008年）。基本給は日本と欧米に差はないが、賞与、ストックオプション分で大きな差が生じており、総報酬としては、日本の社長は高くはない。

　社長等の経営トップ層については、日本が低いのか、逆に欧米、特にアメリカが高騰しすぎなのかは議論が分かれるところであるが、報酬水準の競争力は、日本企業の強さである現場力をつくり上げている非管理職層社員と第

図表 5－7　各国の報酬水準比較（2015年）

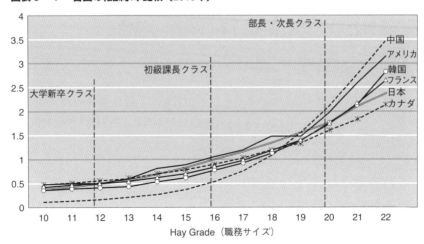

注：日本のヘイグレード16（初級課長クラス）を1とした場合の国別・職務サイズ別年収（基本年俸＋年次ボーナス）、1＄＝120円換算
出所：Hay Group PayNet（2015年）

図表 5－8　日本と海外の役員報酬水準とその割合

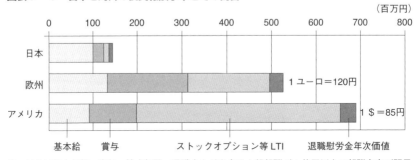

注：日本は基本年俸、賞与、株式報酬、退職金などを含めた総報酬が1億円以上で報酬内容が開示された全社長、欧州は株式時価総額200億〜500億ユーロ企業60社のCEO（Hay2008調査）、アメリカはThe Wall Street Journal / Hay Group 2010 CEO Compensation Study、売上高50億ドル以上企業450社のCEO

一線管理者の力量に見合ったものという見方ができるかもしれない（だからといって日本の社長は力量がないから報酬が低いというわけではない）。

アメリカの経営トップの報酬が高まったのは1980年代以降である。その時期、アメリカ証券取引委員会（SEC）が役員報酬の開示を義務づけた。あわせて、経営トップの報酬は社外取締役を委員長とする報酬委員会で審議し、その際には同業他社と対比して水準の妥当性をチェックすることが原則となった。この開示は報酬の妥当性と透明性を高めるための措置だが、アメリカの企業各社が「他社よりも競争力ある（高い）報酬水準をめざす」という方針を掲げたため、開示情報による明確な数値をもとに互いに競い合い、高騰していった（『意外と会社は合理的』レイ・フィスマンほか著）。日本では2010年から上場企業に対して賞与などを含めた報酬が１億円以上の取締役については、その報酬内容を開示することとなったが、報酬が高騰化する現象はいまのところみられていない。少ない例だが、経営が悪化した企業で、そのトップが高額報酬を受け取ることに不満をもつ株主が役員報酬総額を減額する株主提案を株主総会で行なうものの、否決されるケースが起きている。

２．少ない報酬差

欧米の報酬については、「年俸制なので年１回などの定期的な賃上げはない」と誤解している人も多いが、**図表５－９**のように賃上げはなされている。また、近年の中国の賃上げ率は1970年代の日本のようである。

職階別の賃上げ率の状況をみると、一般職、管理職、経営層と職階が高いほど賃上げ率が右肩上がりに高くなる特徴が中国で顕著に表われており、アメリカやイギリスでも同様の傾向（右肩上がり）にある。これに対し日本では、賃上げするならまず組合員層の一般社員、その水準を見たうえで次に管理職という考えが強い。そして業績が悪いときは、まず役員報酬の削減・返上、次に管理職、最後に組合員というように、原資の配分は上位者よりも下位者に厚い。特にこの20年はむずかしい企業経営の時期であり、その傾向が強かった。

欧米における賃上げは、人事評価に応じて昇給する仕組みが一般的で、メリットインクリース（Merit Increase）という。日本のベアと定昇の概念に

図表 5 － 9　2012〜14年の階層別賃上げ率

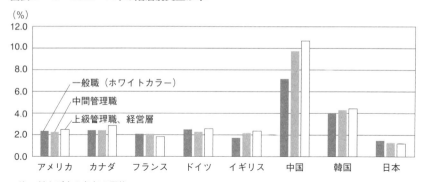

注：賃上げ率は各年の平均
出所：Hay Group PayNet（2015年）

照らし合わせると、メリットインクリースは定昇と同じ仕組みといえる。傾向としてアメリカは、高い評価で高い賃上げとなる人と、そうでない人の差が大きく、日本は中心化しがちだ。なお、欧米では組合員の場合、人事考課そのものを組合が受け入れず、先任権規制により勤続年数に応じて給与が決められる。また、物価上昇率を補うことなどを根拠に、組合員の賃金表が一律に書き換えられるベースアップがあるなど、日本の組合員以上に厳格な年功制である。

先任とは、組合員として勤続が長い人ほど、その権利を認めるものである。勤続年数が長い人のほうが昇給が大きく、レイオフやリストラの際でも雇用保障がある。中高年ほどリストラ対象となった日本とは逆である。

3．内部昇進による緩やかな賃金上昇率

アメリカ・コーネル大学のビジネススクール教授による国際的人材管理の講座が1995年ごろに日本で開催され、「アメリカでは同じ企業にとどまるほど賃金が上がりづらい。転職を重ねたほうが報酬は上昇する」ことが説明された。最近の中国も、転職すると15％くらいの昇給が普通で、同じ会社にいて得られる通常の昇給よりも高いことから、ハイパフォーマーは2〜3年の短期間で転職を繰り返し、どんどん高い報酬を手にしている。

働く側は、自分の職務経歴と実績をもとに、より良い処遇を提供してくれ

る会社のオファーを受けて転職し、自分のキャリアをつくっていくのだ。会社も、ポストにもっとも合致する人材を、自社内に限らず社外にも求める。具体的には、そのポストはどんな仕事をこなすことが求められるか、その職責を職務記述書にして明示し、それに見合った報酬を示す。報酬額については、こちらがほしいと見込んだ人がすでに高額だった場合に、どこまで会社としてオファーできるかを把握するために、労働市場で妥当な額を報酬サーベイを通じて把握したうえで、本人の現在報酬額を踏まえて提示する。

このように、一つの会社だけでは完結しないので、社内・社外の区分けはなくなる。これを「オープン労働市場型」の雇用モデルとしよう。このモデルでは、その企業、組織がビジネスを行なううえで最適となるように組織とポストの内容がデザインされる。会社の目的、ありたい姿やビジョンをもとに、ビジネス戦略と中長期の事業目標をつくり、その実現のために最適な組織構造と職責内容が決まり、戦略に沿って組織が決まるという立てつけになる。

人材はポストの要件にもっとも適した人を社内外から当て込み、後日、外から引き抜かれないように、市場で公正な額の報酬を支払う。すなわち職務、人、報酬は「適所適材適報酬」であり、報酬は職務に応じて決まるので「職務給」となる。合理的なモデルである。

ただし、「最適」であることを求めるあまり、その職務に充てた人が期待不足だった場合は他の人に替えたり、他社にもっと良い職務と報酬の話があったら自社の人材を引き抜かれるなどの不安定さが常につきまとう。さらに、上司も部下も現時点でそのポストに最適であることを求められるため、将来を見越して、部下に大きな仕事を経験させる、あるいは抜擢するなどを上司が考えることはむずかしい。もっと言うと、部下が優秀であると、上司は自分のポストを脅かすことがないかと発想する。このため、将来を見越して部下を育成するという行動は、上司自身がいまより上のポストにいける自信と見込みがある場合には起こるが、そうでなければ部下育成をしても「うまみ」がないので、その行動が起きないことになる。

また、この仕組みの場合、経営幹部や人事は「社内外に良い人材はいないか」を常に意識している必要がある。上がつかえていると感じている優秀な

部下ほど、いまより大きな仕事ができる機会があればと転職するニーズをもつので、そのような人材に対し会社は意識して引き留めをはかる。また、引き留められずに退社した社員を補充するためにも、社内外に良い人材がいないかを把握しておき、その事態に備えておく必要があるのだ。

一方、日本では近年、中途採用が増えてはいるが、基本は新卒で入社し、ほぼ一つの会社で勤めあげる。就職というよりは「就社」し、会社が決めた配属先で一定期間働くと他の部署に異動するというように、同じ会社内で職業人生を送る。このような、ラインの責任者や人事部が本人の異動先を決め、キャリアを決めるモデルを「クローズ労働市場型」とする。

このモデルでは、新卒同期入社者について、上司や周囲の評判と評価をもとに人事部がその情報を整理して、より優秀な人におもしろい仕事や大きな仕事、少しだけ早めの昇格・昇進を与える。社外の人材を含めてポストを競いあうオープン型と比べると、社内競争型といえる。この社内競争をなるべく長期に行なわせるなら、上にいける人とそうでない人を早期に選抜するのではなく、なるべくあとまで競わせるほうが効果的だ。実際、日本企業では45歳過ぎくらいまでは、あまり差はつけていない。しかし、それ以降は早く昇進する人は部長、役員まで短期間で上りつめる。

また、一人ひとりの力量を見定めるためには、なるべく多くの人の目を通じたほうがよい。つまり、上司と部下の組み合わせが変わるほうがよいのだ。そのため、定期的に上司も部下も異動させる。異動により新しい職務と職場環境になることでマンネリに陥らず、モチベーションを高める効果もあるといえる。

このようにクローズ労働市場型モデルでは、本人の能力を見極めるために異動を通してさまざまな仕事を経験させ、重要な仕事を与えていき、能力が十分に検証できたのちに昇格・昇進させる。それに応じて報酬も上がるので、報酬はやや遅れる「適材適所遅報酬」となり、報酬は職務遂行能力に応じて決まるので、「職能給」とされる。

図表5－10は、この2つのモデルを図示している。クローズ型は「会社＞ポスト・職務」なので、ピラミッドの組織図を囲む大きな四角を太線、ポストを示すハコが点線であり、オープン型は「会社＜ポスト・職務」なのでそ

図表5－10　オープン労働市場型とクローズ（社内）労働市場型

オープン労働市場型：職務給	クローズ（社内）労働市場型：職能給
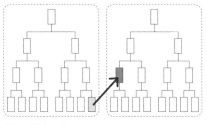	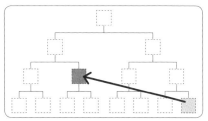

雇用の基本スタンス

- まずハコ（ポスト）があり、そのハコにフィットする人材を、労働市場において妥当な報酬であてがう。いまのポストに最適であることが要件で、社内・社外を問わない
- 優秀な部下は、上司にとって自分のポストを奪う可能性がある存在。そのため、上司が下を引き上げる（部下を育成する）のは、自分も上にいけそうな場合に限られがち。上司に育成責任を課し、また、優秀者を会社がマークする必要がある

社員の基本スタンス

- 自分の職務に対する市場報酬水準をベンチマークする
- 自分が優秀でも上のポストがつまっていたら、チャンスがない。社内であれ社外であれ、さらなる活躍と報酬の機会があれば、それを取りにいく

- 新卒で一定のポテンシャルをもつ人材を採用し、内部競争させつつ時間をかけて戦力化。長期的に雇用を保証することで、腰をすえて仕事をしてもらう
- 報酬水準は社内水準に応じて公平（同等級、同評価であれば部門にかかわらず、ほぼ同じ）
- 会社が次の仕事をみつけ与える。優秀者には重要な仕事を、そうでない者にはそれなりの仕事を

- 報酬は会社がそれなりに妥当に決めてくれるもの
- 頑張って良い仕事をすれば、社内のどこかでもっと責任ある仕事につける。異動や昇進は社命によるもの

の逆である。

　近年、日本でも急成長しているIT関連業界は、オープン型の雇用モデルをとることが一般的である。

4. 男女の賃金格差と勤続年数格差

　日本の報酬は職位による格差は少ないとしたが、男女差はどうだろうか。男女の賃金差と勤続年数差について、男性を100として女性を指標化したものが図表5－11である（『データブック国際労働比較2013』労働政策研究・研修機構をもとに作成）。

図表5－11　先進国にみる報酬の男女差

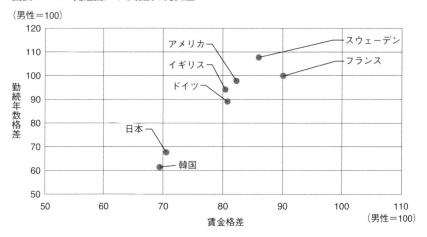

　先進国の中で日本は、女性が10〜20ポイントほど低く、男女の格差が大きい。勤続年数の男女格差はさらに大きく、女性の昇進が遅れ賃金も上がらないことが原因となっている。そこで多様性（ダイバーシティ）を推進するために役員や管理職への女性登用を進める企業が増えてきている。

第6章 職場のメンタルヘルス

1. メンタルヘルスの臨界点

1．ストレスに対する心と身体の反応

　人間がもつ数々の特性の中で、もっとも素晴らしい美徳のひとつが、逆境にあってなお希望を持ち続けられることである。この特性があるからこそ、辛い人生の中でも、大多数の人は希望を見出すことができる。

　この希望が揺らいだり、消えそうになったりする瞬間がある。それは、逆境が永遠に続くように感じられたり、苦難に耐えることに意味が見出せなくなったりしたときで、その状態が長く続くと、ある時「心が折れる」。これはメンタルヘルスの臨界点（ポイント・オブ・ノーリターン）を超えてしまった状態のことで、心と身体の反応に問題が生じる。

　心と身体はダイナミックに外界の変化に適応する。この柔軟に適応している状態のことをストレスと呼ぶ。また、ストレスを引き起こす外界の変化や内的な要因をストレッサー（ストレス因）という。ストレッサーに対する心と身体の反応はさまざまである。

◆先の見通しが立たず落ち着かず、すべてが恐ろしく先に進めない（不安）
◆心が晴れず、気持ちがくじけ、いままで興味のあったことがどうでもよくなり、美しいものをみても美しいと思わない、楽しくない（抑うつ）
◆すぐに疲れる（疲労）
◆眠っても疲れがとれない。寝つけない、眠れない、眠りが浅い、朝早く目が覚める（不眠）
◆食べることがどうでもよくなる、落ち着かせるために食べる、仕方がないから、時間がきたから食べる（食思不振）
◆性的な興味がない、身体の痛みがひどい（頭痛、肩こり、腰痛が辛い）、胃腸の調子が悪い、喉がつまる、息苦しい、胸が落ち着かない（疼痛や自律神経症状）

　これらの心と身体の動きは自然な反応である。人が社会的な生物として元

来、持ち合わせているメカニズムである。心の反応も、身体の反応も、必ずしもストレッサーの強弱に比例して大きさが決まるわけではない。小さいストレス因でも心や身体に大きな反応が生じる場合もあれば、その逆もある。心の反応だけ、あるいは身体の反応だけが生じることもある。重要なポイントは、反応は０／１（「ない」か「ある」か）ではなく、連続量だという点である。

　このような悩みや不調には波があり、通常は２～３日もすれば、あるいは一晩寝れば軽くなるものである。しかし「心が折れる」（メンタルヘルスの臨界点を超える）と悩みや不調が自然には回復しなくなる。回復に時間がかかったり、何らかの後遺症が残ってしまうのだ。このようなポイント・オブ・ノーリターンに達しないこと、それがメンタルヘルスマネジメントでもっとも重要な点である。

２．認知と動機づけの関係

　人の心は認知によって支配されているところが大きい。認知とは物事のとらえ方、受けとめ方をいい、その人の感情や行動に影響を与えるが、無意識のレベルで行なわれるので、通常は自らの認知を意識することはない。たとえば「わかっているのにやめられない」「ついつい○○してしまう癖がある」といった認知・行動の癖（バイアス）をそれぞれの人がもっているのは直感的に理解できるだろう。これが「あらかじめの認知」である。

　「こだわり」や「とらわれ」、「決心」や「決断」といった意思行為も認知バイアスに支配されている。自らの認知バイアスから自由でないことは、自身の過去の言動や「姿勢」「ポリシー」に縛られやすいことをイメージするとわかりやすい。人は「あらかじめの認知」と合わないことを受け入れにくいのだ。自分のこれまでの言動や姿勢、ポリシーに不協和を感じることは言ったりしたりしないのである。これが「認知的不協和理論」である。

　認知が人の感情や行動に影響を与えている別の例として、「認知的節約」といわれる現象がある。認知の意的変更にはエネルギーが必要なため、人は無意識的に、自分のあらかじめの認知に沿った説明を受け入れようとする。そうすると受け入れやすいからで、単純な説明を正しいと思い込もうと

するのだ。ある事柄を説明するためには、必要以上に多くを仮定するべきでないという思考法を「オッカムの剃刀」というが、これは人のもつ認知的節約傾向と合致している。

　人が自らの認知に縛られ、自分の以前の言動や姿勢、ポリシーに無意識的に支配されるのであれば、逆に自らの言動により認知を支配できることも意味する。依存症など行動の変容を促す認知行動療法として「動機づけ療法」（Motivational Interviewing）という新しい認知行動療法がある。これは認知的不協和を利用して、自分の希望と現状とのギャップに気づかせ、自分の言葉で表現させ（「こうなりたい一方でこうしている」）、自分で具体的な行動変容を発言させる（「こうしたい、こうなりたい」）ように導く技法である。最大のポイントは、自ら「こうしたい、こうなりたい」と発言させることにある。先に示したように、人は自らの言動に縛られるので、自ら発言したことから動機づけられるからである。

　この技法では、「こうしたほうがいいのではないか」といった誘導はけっして行なわれない。人は「押しつけられた」考えに縛られるのではなく、「自ら生み出した」考えに縛られるからである。これは部下や同僚の動機づけのみならず、自らの動機づけにも応用可能であろう。

　さらにつけ加えるならば、何より自らの認知バイアスや言動、姿勢、ポリシーが、無意識的に自らの感情や行動に影響を与えていることについて敏感であることが望まれる。これもポイント・オブ・ノーリターンにまで追い詰められることを避けるコツのひとつである。

3. 悩みと強み（レジリエンス）

　悩みのない人はいない。また、悩みは人間を成長させる。偉大な精神医学者であり、ナチス・ドイツの収容所を生き抜いたフランクルの言葉「あなたの命を奪わないものはすべてあなたを強くする」のように、逆境の中でも、あるいは逆境を経ることでも人は成長する。この点については最近、「心的外傷後成長」（Post-Traumatic Growth）として研究が進められている。

　21世紀の健康観は、ポジティブな側面に光を当てる観点が主流となっている。それはメンタルヘルスにおいても同様である。ポジティブ・メンタル

ヘルスは、その人がもともともっている「強み」を強調する考え方である。逆境にあっても発揮できる、このような強み、心のしなやかな強さを「レジリエンス」と呼ぶ。人生におけるあらゆる局面を、レジリエンスを活かし、さらに増しながら主体的な生活者として生き抜いていく。ポイント・オブ・ノーリターンに達しないように自分自身や同僚・部下を目配りしつつ支えるのがメンタルヘルスマネジメントである。

4．メンタルヘルス不調のリスク

　不安や抑うつ、不眠や食思不振、疼痛や自律神経症状は健康であってもおこる自然な反応である。だからこそ、人生においてある割合でメンタルヘルス不調が生じる可能性がある。以下は、全人口に占めるメンタルヘルス不調者の割合である（文中にある「時点」とは調査時に体験している人の割合、「生涯」は一生で体験する人の割合、「既往」は調査時までに体験した人の割合）。

◆睡眠障害…1ヵ月間20％
◆不安障害…時点5～10％（不安障害には全般性不安障害、強迫性障害、社交不安障害、パニック障害、PTSDがある）
◆うつ…時点5％（うつ病は時点2％）
◆統合失調症…生涯0.8％
◆躁うつ病…生涯0.5％
◆摂食障害（拒食／過食）…既往0.2％／2％
◆自傷…既往3％
◆自殺…生涯2.5％

　これらは、専門家による面接や調査票によって確認された症状や疾患の割合であり、予想よりもはるかに高いものであった。職場であれば100人の社員のうち、2人（2％）は治療の必要なレベルのうつ病に罹患していると考えられている。より軽いうつ状態はそれより多く、ほぼ20人に1人の割合になるので、同僚や部下にメンタルヘルス不調を呈する者がいる、あるいは自らが不調となる可能性は十分にある。それゆえ、リスクとして考えるべきなのだ。

5. リスクマネジメントの視点

　最近の統計によれば日本の官庁や大企業で年に1ヵ月以上メンタルヘルス不調で休業する社員の数はおよそ100人に1人（1％）とされている。このメンタルヘルス不調による損失はどの程度だろうか。WHOによると、世界では約3億5000万人がうつ病を抱えており、ヨーロッパでのうつ病における経済的損失は年間920億ユーロともいわれている。

　日本では、2008年のうつ病性障害の疾病費用（疾病による社会の損失）は3兆901億円と推定される。さらに、罹病費用（完全休業や部分休業による労働力低下がもたらす生産性損失およびその補償。9200億円）、直接費用（治療費。1800億円）、死亡費用（うつ病により自殺者がおよそ5倍に増大すると推計。8800億円）は合計で1年間に2兆円と見積もられた。うつ病以外のメンタルヘルス不調も含めると損失額はもっと大きくなることから、職場にとっては、このような経済的損失を小さくすることがマネジメントの目的となる。

　メンタルヘルス不調の社員の存在は職場のモラールへ影響することが知られている。職場にある不安や不満が、メンタルヘルス不調の社員の存在を契機に表面化し、職場の風土や人間関係を含む労働環境、さらには当該従業員への批判を生むことが多い。こうなると周囲の社員の生産性低下にもつながる。したがって当該社員のみならず周囲への配慮も必要となる。

　メンタルヘルスマネジメントとは、このような組織のリスクマネジメントとともに、以下に紹介する個別のマネジメントのことをいう。

2. どこからが「病気」なのか

1. パースペクティブモデルと新型うつ病

　身体の病気は多くの場合、血液検査や画像検査の結果で病状が明らかになるが、メンタルヘルス不調はいったいどこが病気なのかがわかりにくい。こ

図表6-1　パースペクティブモデル

観点 (Perspective)	その人が	援助
疾病 (Disease)	何を持ち (Has)	治癒 (Cure)
状態 (Dimensions)	どのようで (Is)	誘導 (Guide)
行動 (Behavior)	何をし (Does)	妨害 (Interrupt)
人生 (Life Stories)	何に出会うか (Encounters)	再解釈 (Rescript)

れは、メンタルヘルス不調の発症が、その人が何かの病気にかかっているかどうかだけでなく、人柄、行動特性、体験などをベースに出現しているからである。つまり、ある人のメンタルヘルス不調を説明するには、その人の病気（疾病）だけではなく、もともとの特性（状態）、行動、人生の観点からみることになる。これがアメリカにあるマサチューセッツ総合病院のマキュー（McHugh）博士らのパースペクティブモデルである（**図表6-1**）。

　このモデルでは4つの観点（パースペクティブ）から「病気」を説明する。ここでいう4つの観点とは、疾病（Disease）、状態（Dimensions）、行動（Behavior）、人生（Life Stories）であり、援助の方法が異なる。

　疾病とは「うつ病」「パニック障害」などの原因をともなう病気である。同じうつ病でもその人の状態や行動、人生によって現われ方や影響は異なることから、これはその人が持っているもの（Has）ということができる。これに対する援助としては、治療による治癒（Cure）がめざされる。

　状態（Dimensions）とは、その人の特性をいう。元来、その人がどのような人か（Is）、たとえば性格の特徴や、後述する発達障害などにより疾病の現われ方は異なり、状態は複数の特徴の組み合わせで説明される。これに対する援助は、性格や発達障害そのものは治療・治癒することはできないので、その人の特性を踏まえてある方向に誘導（Guide）することとなる。

　行動（Behavior）とは、その人がどのように振る舞うか（Does）である。その場限りの行動もあれば、ある方向の行動傾向（ギャンブル依存やアルコール依存などの嗜癖行動など）も含まれる。何らかの疾病によるもともとの状態（特性）があっても、特に職場においては、どのような行動をするか、あるいはしないかが重要である。これに対する援助は、不適切な行動を妨害（Interrupt）することで適応を促すことが主となる。

人生（Life Stories）とは、その人がどのような体験をするか（Encounters）である。上記、疾病（Disease）、状態（Dimensions）、行動（Behavior）の結果として起こることも含めた人生上の出来事そのものがその人に影響する。人生の経験自体を変えることはできなくても、それに対する意味づけは変えられる。これを「再解釈」（Rescript）といい、援助の手法となる。

　パースペクティブモデルで「新型うつ病」を説明してみよう。新型うつ病は、仕事場では適応が悪いために休業する（Life Storie）が、仕事場以外では元気で（Behavior）、自分以外にうつ病の原因を探して職場や労働環境のせいにしたり周囲の気持ちに鈍感などの特徴（Dimensions：他罰的傾向、発達障害様）をもつうつ病（Disease）であって、従来のうつ病と異なる。

　専門家の間では、新型うつ病という病気があるのではなく、うつ病の現われ方に上記の特徴があるとみなされている。したがって、単にうつ病の標準治療のみでは改善せず、他罰的傾向や発達障害様の特性を踏まえて誘導しながら、仕事以外では元気という行動を妨害・抑制して、仕事でも元気に行動できるような方略を追加する必要がある。

２．適応障害とうつ病の違い

　メンタルヘルス不調で休業診断書が提出される場合（わが国では1ヵ月ごとに出される場合が多い）、「適応障害」か「うつ病」の病名であることが多いと思われる。抑うつ、うつ状態であっても、診断名に、適応障害とうつ病の違いがあるのは、なぜだろうか。

　適応障害とは、ストレッサー（ストレス因）に対するストレス反応のために適応が障害されている場合に診断される。ここでは、メンタルヘルス不調とその原因の間に因果が想定されている。したがって原因であるストレッサーが取り除かれれば、回復するだろうという意味も込められている。

　一方、うつ病は、うつ病の診断を満たすほど抑うつ、うつ状態が重く長い場合に診断される。原因が特定できない場合も多い。そのため原因の可能性があるストレッサーの除去のみで回復することは前提となっていない。うつ病の軽重によるが、中等度以上（休業したほうがよい状態）であれば休養と薬物療法が中心となる。軽度の場合は休養とカウンセリングのみで、薬物療

法は必要ないか、あるいは補助的に行なわれることもある。適応障害でも抑うつ、うつ状態が重ければ、うつ病の診断となる。したがって、はじめは適応障害であったものがうつ病の診断に変更されることも稀ではない。

適応障害とうつ病の共通点としては、「ストレッサー」「ストレス」「心と身体の反応」が個人によって異なることがあげられる。同じストレッサーにさらされても重い反応が出ない人もいれば、辛い症状に苦しめられる人もいる。このストレス状態における個人差を「脆弱性」と呼び、ストレスと脆弱性の相互関係によって疾病が出現・消退すると考えるストレス脆弱性理論が広く受け入れられている。

前述の強み（レジリエンス）も脆弱性のポジティブな側面を強調した表現と考えることができる。この脆弱性の評価と強化、レジリエンスの強化がメンタルヘルスマネジメントでは重要である。

たとえば適応障害においてストレッサーの調整を行ない、改善を期待する場面を考えてみよう。ある部署で不適応になった社員に配慮して部署変更を実施する。新しい部署でも同様の不適応が出現すれば、ストレッサー（環境）よりも個人の脆弱性が問題であることがわかる。この脆弱性がどこからきているのか、もちろん物事のとらえ方や受けとめ方（認知）、不安になりやすさや敏感さなどの特性、パースペクティブモデルでいう状態（Dimensions）からきている場合もある。過去のトラウマティックな体験から傷つけられた場面に似た場面に遭遇すると（虐待やいじめの体験がある人が心理的に圧迫されるように感じると）おびえや取り乱しが出現する、などの人生（Life Stories）からきている場合もあるだろう。パースペクティブモデルにおいて脆弱性にもっともアプローチできる方法が行動（Behavior）であり、脆弱性をコントロールし、レジリエンスを強化する基本が「養生」（セルフケア）である。

3．養生（セルフケア）の効果

メンタルヘルスマネジメントは究極的にはセルフコントロール、セルフケア（養生すること）に尽きる。薬物療法はメンタルヘルス回復の下支えをするものであって、必要ではあるものの、セルフケアのともなわない服薬のみ

では治癒はできない。すなわち、生活のメンテナンスなしにメンタルヘルスマネジメントは成り立たないのだ。

　まずは睡眠である。24時間型社会となった現代は夜更かしの傾向が強まり、平均睡眠時間も時代とともに短くなっている。人が必要とする睡眠時間については「8時間神話」があるが、30～50歳代の平均は6.5時間程度である。必要な睡眠時間は個人差が大きい。眠れないからと早くから横になるとかえって不眠を悪化させるため、睡眠薬を処方されていれば22時以降の決まった時間に服薬する（20～22時は入眠禁止時間帯）。そして平日・休日の区別なく決まった時間に起きるようにする。これは朝の起きた時間によって、その晩の眠る時間が決まるといわれているからである。このように、自分で睡眠をコントロールし、良い方向に進む経験を積むこと、睡眠薬に頼らないことが重要である。また、夜中に途中で目が覚めて10分以上寝つけないのであれば、起き出したほうがよい。眠れずに布団の中で悶々とする時間を減らし、睡眠をコンパクトかつリズミカルにすることが望ましい。

　睡眠環境を見直すことも必要である。不要な光、音などは脳を興奮させる。寝室の室温や、枕をはじめとする寝具にも注意を払いたい。また、一般に深部体温が低下すると睡眠に入るため、入眠直前まで長風呂し身体の芯まで温めることは避けて、汗を流す程度にするか、低めの温度で長く湯船につかる場合も入眠2時間前までには風呂からあがる。食事をしたあとですぐに寝るのも、身体内部の感覚が脳を覚醒させるため、不適切である。一般には食後2時間程度で胃の中が空になるので、入浴と同じく入眠2時間前までに食事を終わらせるか、それ以降は温めたミルクなど少量の飲食物のみにする。アルコールも睡眠を阻害するため寝酒は好ましくない。脳を興奮させるカフェインなどを含む飲料は、夕食後はとらないほうが望ましい。

　セルフケアには、食事も重要である。不規則な食事時間は睡眠にも影響し、空腹の時間が長く続くことは脳にストレスをかけるだけでなく、糖尿病になるリスクを高める。短時間で大量に食べる習慣も好ましくない。そこで家の中では食事をする場所と時間を決め、ダラダラと食べ続けないようにする。メンタルヘルスに良いとされる食べ物はないが、偏食にならないようバランスの良い食事を心がけたい。

また最近は、携帯電話やスマートフォン、PCなどを長時間使用し続ける人が増えている。抑うつ、うつ状態の人は、不安と焦りからその傾向が強いようだ。入眠前に液晶画面のLEDやブルーライトにさらされることは、その画面で見ている内容への反応とあわせて、生理的に脳が過剰覚醒してしまうので、特に21時以降は情報過多の状態から距離をとることを心がけるべきである。

　このような「養生」について見直すためには、生活の記録が重要である。特に休職等から復職したようなときは、疲弊の強い時期を除いて、しばらくは24時間の行動記録表をつけることが望ましい。そして診療、相談の際にそれらの記録表にもとづき助言を受けるようにするとよい。会社や管理監督者、家族には、このような養生を本人に対し促すことが望まれる。

4．治療

　養生（セルフケア）ではない治療には、薬物療法、心理（精神）療法、行動療法、家族療法などがある。薬物療法は医師にしかできないが、その他の療法に関する助言は医師以外でも可能である。

　治療するかしないかは、治療を受ける側の選択だが、必要性からみると①治療の必要がない、②治療してもよい、③治療したほうがよい、④治療すべきである、の４つに分類でき、それぞれの中間（「悩みは自然なもので、治療の必要はない」（①未満）、「悩みがあるので、治療してもよいだろうが、治療したほうがよいほどではない（②と③の中間）、「状態は重いので、治療すべきである」（④に近い））も含めて７段階の状態がある。

　治療を受ける人の自由度は、治療の必要性が低い、すなわち軽い状態であるほど高くなる。言い換えれば、相談者が治療を受けるか受けないかは自由意思・自己決定でよいことになる。逆に治療の必要性が高い、すなわち重い状態であるほど、専門家は治療をより強くすすめる（場合によっては本人の意思がなくても治療する＝非自発的治療）。

　薬物療法についても同様であり、「薬を飲む必要がない」「薬を飲んでもよい」「薬を飲んだほうがよい」「薬を飲むべきである」と、それらの中間も含めて７段階があると考えられる。ただし、日本におけるうつ病治療のガイ

ライン（日本うつ病学会の治療ガイドライン）、欧米のガイドラインとも、薬物療法は軽度のうつ病に対しては第一選択ではなく、まずは休養やカウンセリングをすすめている。中等度以上のうつ病は薬物療法が必須で、服薬を強くすすめるとされている。したがって、軽いうつ病やうつ状態では「薬を飲んでもよい」、ある程度重いうつ病では「薬を飲むべきである」となる。

　ところで、脳＝精神＝心に影響する薬を総称して「向精神薬」という。向精神薬のカテゴリーには「抗精神病薬」「抗うつ薬」「抗不安薬」「睡眠薬」「気分調整薬」「抗てんかん薬」「抗認知症薬」「発達障害治療薬」などがあり、もっともよく使用される薬剤は、抗うつ薬、抗不安薬、睡眠薬の３種類であろう。

　抗うつ薬とは、脳内の神経伝達物質であるノルアドレナリン（意欲に関係する）やセロトニン（不安や気分・感情に関係する）を正常化する薬である。うつ状態やうつ病では、ノルアドレナリンが減ることで気力がなくなりすぐに疲れやすくなる。またセロトニンが減るために不安やもの悲しくふさいだ気分（うつ気分）が強まり、心が自然に動かなくなって感情や感動がなくなると考えられている。脳内の神経伝達物質は互いに関係しているので、ノルアドレナリンやセロトニンだけでなくドーパミン（好奇心・関心に関係する）にも影響して興味や関心が失われてしまう。そのため脳内のノルアドレナリンやセロトニンを調整する抗うつ薬を服薬するのだ。

　ただしノルアドレナリンやセロトニンの量が安定するのには早くて１～２週間、通常は６～８週間かかる。したがってその間、継続して抗うつ薬を服用しなければ期待される効果は出てこない。抗うつ薬は、身体が薬に慣れてくれば飲み続けられなくはないが、副作用として眠気、消化器症状（吐き気、便秘・下痢）、頭痛などがあり、早期の副作用で薬を飲めなかったり、飲んだり飲まなかったりしがちである。そうすると薬の効果が判定できず、薬の飲み損になる。中等度以上のうつ病では継続服薬は必須だが、軽度のうつ病では中途半端に薬物療法を選択するよりは、薬を飲むか飲まないかをきちんと決めて、飲むと決めたら継続服薬することを強くすすめる。

　服用にあたってのポイントは「十分な量を十分な期間」である。服薬期間は、抗うつ薬は最低でも２ヵ月間、理想は６ヵ月間、中高年の場合は１年間

は継続することが望ましい。

　抗不安薬についてはその特性上、依存性（精神依存）およびアルコールとの相互作用がある。抗うつ薬と異なり、抗不安薬には即効性があり、飲んだらすぐに、不安が軽くなったり眠くなったりリラックスするなどが自覚できる。そのため、抗うつ薬に比べて好んで処方・服薬されるが、その効果は一時的にすぎない。いわば「副作用のないお酒」のようなものであり、飲んでいるときは効いているが「酒をひっかけてごまかしている」だけである。治療の初期、特に不安や焦りの気持ちが強い際には必要な薬剤だが、その後早い時期に減量していくことが望ましい。1日1錠使用しているだけでも、その1錠がやめられないという状態に陥ること（常用量依存という）はめずらしくない。

　アルコールとの相互作用では、効果が強まることではなく、むしろ次第に効かなくなること（相互耐性といい、同じ効果を得るために薬かアルコールの量が増える）が問題である。アルコール自体に、睡眠に悪影響を与え、うつを悪化させる作用もあるため、治療が必要なレベルのメンタルヘルス不全では断酒が原則である。

　また、睡眠薬は複数を使用することは見識のあることではない。まずは、睡眠環境の調整を十分に行なうべきであろう。

3.「困った部下」と大人の発達障害

　パースペクティブモデルにおける状態（Dimensions）が、その人の特性を指すことは先に述べたとおりだが、それは、複数の特徴の組み合わせにより形成されている。最近、「困った部下」や大人の発達障害が話題になっているが、それらは治療・治癒ができないので、その部下の特性を踏まえてある方向に誘導することが必要となる。

　発達障害の疑われる部下から頼りにされる上司になるには、対話ができる関係をつくることである。そのためには、まず本人の苦労を知ることから始

めるのがよい。具体的に何に困っているのか焦らずよく話を聴く。上から目線にならないように注意し、緊張を解き話しやすい雰囲気をつくる。相手が、上司の話の内容を理解しているか、上司の側が相手が話す内容を理解できているかの確認をとる。過去の辛い体験があることを前提とし想像する。いたわりの気持ちで好意的に対応する。

　このような姿勢でのぞみ、そのうえで本人にとってわかりやすい説明や提示を工夫することが必要となる。「言わなくてもわかる」「察してほしい」などを相手（本人）に要求しても無理なこともある。本人を追いつめない配慮が重要であり、できないことをおしつけていないか、あるいは教えていることが伝わっているかの振り返りが必要である。

　この障害をもつ人は、問い詰められることが一般的に苦手であり、失敗や批判に対する耐性の弱さがあるのだ。発達障害といっても、結局はその人の特性である。診断や評価をすることが関係性に好影響を与えることはないが、理解し、ともに解決策を考える姿勢は関係性に好影響を与える。

　大人の発達障害には、①限局性学習症／限局性学習障害、②自閉スペクトラム症／自閉症スペクトラム障害、③注意欠如・多動症／注意欠如・多動性障害（ADHD）という３つのカテゴリーがある。

❶限局性学習症／限局性学習障害
　聞く、話す、読む、書く、計算する、推論することに関する発達障害で、苦手とする機能は別の方策でカバーする必要がある。

❷自閉スペクトラム症／自閉症スペクトラム障害
　社会性、コミュニケーション、想像力やその他の問題をもつ発達障害。
　社会性の問題としては、他人への関心が乏しい、人の気持ちを理解するのが苦手、からかわれることを嫌がる、人へのかかわり方が一方的、表情が乏しいなどの特徴がある。
　コミュニケーションの問題としては、冗談や比喩が理解できず言葉どおりに受け取ってしまったり、自分の興味のあることを一方的に話したりするため、会話が成り立ちにくいことなどがある。また、指示が理解できない、人の表情や場を読むことが苦手などの特徴があるほか、せりふ口調や気持ちのこもらない話し方など、話し言葉が独特な人もいる。

想像力の問題としては、目の前にないものや、実際にない事柄を想像したり空想したりすることが苦手で、概念や抽象的な事柄の理解が困難という特徴がある。また、会話の中で省略されている部分を推測することが苦手であるため、常識や基本ルールがわからない人と思われがちである。
　その他の特有の症状としては、音や痛みなどの感覚が敏感、または鈍感であったり、計算力や記憶力など特異な能力が突出し、知的機能がアンバランスなどの特徴がある。
　このような人は偏った自己認識をもちやすく、自分の得手、不得手は「自身の性格や努力不足による」ととらえ、努力で変えていこうと考えるところがある。また、自分の言動に対して他人から何か言われると、すべて「指摘された」「注意された」ととらえてしまう。このように対人づき合い、言葉によるコミュニケーションにむずかしさがあり、安心できる人を得にくく、他人からの評価が常に気になり、不安のもとになる。人のとらえ方が独特であり、気遣い（年下の人の面倒をみなければならない、異性への緊張が強いなど）もみられるが、それが他人にはわかりにくい。また、現実認識が弱く、現実対応も困難なため、交渉など現実対応が必要な場面で、条件をすり合わせる、優先順位をつける、折り合いをつけることができにくい。そのため社内で調整する、相手先以外に出向くなど、交渉に向けて具体的に行動していくことなども、できにくい。
　人との会話においては、たとえば電話に出なかったことについて、電話に出ない本人なりの理由があるのに「電話がかかってきていない」と答えてしまうことなどがあるため、他の人からは、事実と異なることを話すと認識されてしまうことがある。
　会話がうまくいかず、悪気なく思ったことをそのまま口に出したり自分の興味のあることを一方的に話し続けたりして相手に辟易されてしまうこともある。予防はむずかしいので、相手を怒らせてしまったときの対策を考えるのが現実的である。傷つけることや失礼なことを言ってしまった場合は、悪気がないことを添えて素直に謝るよう習慣づける。相手が怒っている理由がわからない場合は、周りの人に相手が怒った理由を解説してもらうのも一つの方法である。興味があることについてたくさん話したい人には、同じ趣味

の仲間をみつけることが解決策になる場合もある。

　また、急な変化に対応できないため、一定の法則に沿って行動することが安心感につながり、予期しない変化が起こると動揺してしまう。予定などが突然変更される場合に備えて、スマートフォンやPCであらかじめ予定表（時間割）をつくっておくなどの対策が有効である。予定の変更があったときには、新しい予定をそこにはめこむことで、目でみて新しい流れが理解でき、見通しがもちやすくなる。

　このような部下に対応するコツとしては、まず安定した態度で接し、驚くような事態にも冷静さを保つよう心がける。また、本人と意思疎通していく工夫として、一方的に決めつけた言い方や、評価的な態度をとらないこと、お互いの話の内容を確認することがあげられる。話の内容を書面にしておくと、なお良いだろう。

❸注意欠如・多動症／注意欠如・多動性障害（ADHD）
　不注意と多動性・衝動性を特徴とする発達障害である。

　不注意は、会議や仕事に集中できない、仕事に必要なものをなくしたり忘れたりする、仕事を効率良くこなせない、締め切りに間に合わない、最後まで終えることがむずかしい、ケアレスミスがよくみられる、片づけられない、外出の準備がいつも間にあわない、金銭の管理が苦手といった形で表面化する。

　多動性は、会議中あるいは仕事中に落ち着かず、そわそわする、貧乏ゆすりや机を指先で叩くなどの癖がやめられない、おしゃべりに夢中になってしまう、自分のことばかりしゃべるといった形で現われる。

　衝動性は、会議中（仕事中）に不用意な発言をしてしまう、周りに相談せずに独断で重要なことを決めてしまう、衝動的に人を傷つけるような発言をしてしまう、些細なことでもつい叱責してしまうという言動として現われることが多い。

　このような障害に対処する工夫として、次の事項などが有効とされる。

◆用事を先送りにしてしまいがちな人には、作業を小分けにし、一つずつこなす、作業を小分けにしたあと、優先順位を書き出す、作業内容だけでなく、作業スペースも区切る、予定を整理しすぎず、言われた順に仕上げる

といった環境調整
◆忘れ物を減らす対策としては、必要なものは玄関やドアの前などの通り道に置いてみる、作業の始めと終わりに周辺を整理する、作業場で使用する物の持ち出しを減らす（作業に必要な筆記用具や手帳はおいてくるなど）、忘れたときの対策として、身近な人に予備の書類を渡しておくなど
◆失言が多い人には、頭に浮かんだことをメモにとる、発言以外の原因も考える（仕草を見直すなど）、10秒数えて一度、考え直してから発言する、会議などは事前に発言内容をある程度決めておく、発言する前に手をあげて、「ちょっといいですか」など一言付け加える、などを指導する
◆約束や期日が守れない人には、スケジュールをわかりやすい表にし、人目につくところに貼る、キッチンタイマーなどでアラームをかけるようにする、スケジュールには自分で思っている以上の余裕をもたせる、用事を安請け合いせず周囲に相談してから返事をするようにさせる、メモやメールで予定を記録、管理するように方向づける
◆なかなか片づけられない人には、完璧をめざさず、できることから手をつけるようにさせる、「終わったら○○しよう！」と励ます、イライラ対策として一人で落ち着ける時間を設けるようにする、どうしてもできないことは思い切って手放させる
◆衝動買いしやすい人には、持ち歩くお金を減らす、買い物をする日を決める、高額の品物はみつけた日には買わず、帰宅して家族と相談したうえで買うかを決める（クレジットカードは持参しない）、買い物の支払いは必ず家族が行なう、ほしい物リストをつくり買えるかどうかを定期的に家族と話し合うなどをアドバイスしたい

4. 職場のメンタルヘルス対応

1. 職場対応が不十分な日本の体制

2014年にデンマークのルンドベック社は、日本を含む世界16ヵ国、計約1

万6000人を対象に「職場でのうつ病の影響調査」を実施した。そこで報告された事項のうち、日本の調査結果として示された以下の3点を紹介する。

まず第1に、10人に1人がうつ病であり、16ヵ国中14ヵ国は10％を超えていた。うつ病で休職した場合の休職期間は平均79日であり、うつ病の経験者は、うつ病発症後に自分の仕事のパフォーマンスが低下することを実感していた（単純な仕事を完了するのにいつもより時間がかかる43％、ミスが多くなる37％）。

第2に、職場におけるうつ病の特徴や症状として、多くの人が、気分的な症状（気分の落ち込み、悲しい気持ちなど）を認識している一方で、集中力の低下、物事を決められない、忘れっぽいといった業務遂行に直接影響を与えうる症状を理解している人の割合は低く、うつ病経験者の3人に2人（64％）が、集中力の低下、物事を決められない、忘れっぽいなどのうち1つ以上を経験している。

第3に、職場におけるうつ病への対応として、日本では同僚がうつ病になっていると知っても「何もしない」人が40％にのぼり、調査した16ヵ国中もっとも高かった。一方で、同僚に「自分に何か役に立てることはないか声をかける」人は16％と、もっとも少なかった。また自社のうつ病社員へのサポート制度に満足している管理職は他国と比べもっとも低く、21％である。

上記の調査結果から、わが国のメンタルヘルスマネジメント体制が不十分であること、日本の職場では、うつ病の症状があまり認識されていないことがわかる。職場で同僚・部下のパフォーマンス低下がみられた場合は、うつ病の可能性を考えたい。

2. 管理監督者の役割

❶コミュニケーションと合理的配慮

うつ病、もしくは抑うつ状態によりパフォーマンスが低下しているのかは、ベースラインのパフォーマンスレベルがわからなければ気づきようがない。部下や同僚それぞれの特性も含めて、日ごろの様子を把握しておくことは管理監督者として重要な職務である。

同僚・部下のメンタルヘルス不調が疑われたときに、自分一人では判断に

困る場合は、他の同僚あるいは部下を含めて3人で判断するのがよい。ほかの2人には不調が感じられなければ経過観察でよいと考えられるが、3人とも、あるいは3人中2人が不調だと思うなら専門医への相談を促したい。

専門医への相談を促す際は、あくまでも管理監督者である自分の立場を強調し、自分の不安を払拭するために相談してほしいと言うのも一つの方便である。家族に相談するように強くすすめたり、場合によっては家族に直接連絡・相談することも考えたい。

職場の環境調整にあたっては、風通しのよい職場、意思疎通のしやすい職場をつくるよう心がけることが第一である。部下にメンタルヘルス不調が疑われる、あるいは診断された場合は業務の量や内容の調整を中心とした配慮が必要となるが、その際には「合理的配慮」という概念が使われる。

合理的配慮とは、もともとは障害者権利条約において障害のある人からの申し出があった際に、可能なかぎり社会的障壁をなくすように配慮する義務の範囲を示した用語である。社会生活機能がメンタルヘルス不調のために侵害されているなら、負担になりすぎない範囲で必要な便宜をはかることが求められている。

また、高すぎる要求水準をあらかじめ設けて事実上障害のある人の参加を拒むようなことをしてはならない。このような合理的配慮の「落とし所」は、あらかじめ職場で定めた範囲の中で個別的に調整されることとなる。

ひとつの例が休職開始や復職開始のあらかじめの条件である。精神科産業医の間では、「勤怠が所定労働時間の70％を切ることが常態となれば休職開始」「睡眠覚醒リズムが安定し、週5日8時間外出しての活動が可能となり、通常の通勤継続や、最低90分間の集中した労作が可能となれば定時内勤務での復職可能」といったコンセンサスのできている基準がある。この基準を援用する形で会社ごと、個別事例ごとに休職指示や復職許可が出される。

それがあらかじめ明示されておらず、場当たり的に指示や許可が出されることは、公平性を欠き合理的配慮とはいえない。また所定労働時間より少ない短時間労働を一定期間（3ヵ月程度）以上許容し続けることも合理的配慮とはいえない。そのような場合はあらためて労働契約を見直すことが望ましい。

❷復職後の管理監督者面談

　管理監督者には、復職者のフォローを目的に、産業医意見書などで管理監督者面談が指示されることがある。面談の頻度は、復帰後1ヵ月は毎週1回、その後は月1回程度などである。この管理監督者面談は、指示どおり行なわれていれば不調の再出現のリスクは低くなるが、多忙などを理由に指示が守られていないと不調再出現、再休業のリスクが上昇することから、非常に重要であり、管理監督者の責任は重い。面談は短時間で十分なことが多い。時間の長短よりも定期的に相談できる、話を聞いてもらえるという安心感が重要だからである。実施にあたっては、立ち話や他の同僚にやりとりを聞かれるおそれのある状況を避け、個室環境を整えることが望まれる。

　聞き取るポイントは、「身体状況」「業務負担」「治療」の3点である。身体状況確認においては、疲れの程度と養生しているかどうかを確認、指導する。業務負担については主観的な負担の程度を聞いたうえで、どの程度仕事ができるか、与えることができるかを話し合い、短期的な業務とともに今後の見通しにもふれられるとよい。治療継続の確認をし、主治医に言われていること、部下自身が工夫していることを把握しておく必要がある。このやりとりの中で、部下を勇気づけ、希望をもたせることができると、いっそう好ましい。本人の強みを認め、保証を与えることがレジリエンス（その人がもともと有する強み）強化につながるからである。

3. 仕事中毒（Workaholic）からActiveな働き方へ

　業務量が多く、仕事を楽しめていない状況のことを仕事中毒（ワーカホリック）という。一方、業務量が多くても、モチベーションを高く維持できていれば、それは単にActiveな働き方であるとみなす。

　仕事中毒の状態では、当初は主観的苦悩があるが、そのうち慣れてしまう。楽しくないが仕方ない、あるいは何も考えずに働き続ける。これには報酬などの外発的動機づけよりも義務感のような内発的動機づけがより強く影響しており、その意味では職場の働き方に関する風土、組織文化に強く影響される。

　仕事中毒は高ストレス状態であり、燃え尽き（バーンアウト）や不安、身

体不調が多くみられるが、二次的にアルコール消費量の増加や過食が生じ、メタボリックシンドロームで健康を害することが起きる。また、個人生活も家庭生活も犠牲にしがちなことから、ワークライフバランスへの影響も大きい。

　組織への影響も無視できない。仕事中毒状態では同タイプの巻き込みが起こり、仕事中毒状態の社員が同じ部署に複数いる事態を生み出す。また、高すぎる要求についていけない社員の中には欠勤、転退職、不満、葛藤、士気低下などが多く生じることとなる。

　仕事中毒状態からActiveな働き方への移行を促すには、仕事の仕方、仕事上のストレス、ワークライフバランスのそれぞれを見直す機会を与え、何を優先すべきかを見つめ直してもらうとともに、職場における要求の水準を設定し、より健康なライフスタイルの実現を促す職場づくりをする。

　そのためにも余暇時間を確保する。その効果は、若い社員、裁量度の低い人ほど認められる。いずれにせよ、仕事中毒を美化したり当然とみなす組織文化（風土）に潜在する危険（ハザード）を改善するという職場全体のコンセンサスが必要であろう。

4．ストレスチェック制度の概要

　2015年に労働安全衛生法が改正され、従業員50人以上の事業所ではストレスチェックおよび面接指導の実施が義務化された。会社は常時使用する労働者（契約期間が１年以上で週の所定労働時間の４分の３以上就業している者）に対し、医師、保健師、所定の研修を修了ないし３年以上産業保健活動に従事している看護師または精神保健福祉士（これらを実施者と呼ぶ）による心理的な負担の程度を把握するための検査（ストレスチェック）を行なわなければならない。この制度は一次予防（労働者のメンタルヘルス不調の未然防止）を主な目的とし、労働者自身のストレスへの気づきを促しストレスの原因となる職場環境の改善につなげることとしている。

　具体的には、１年以内ごとに１回、定期に①職場における心理的な負担の原因、②心理的な負担による心身の自覚症状、③職場における他の労働者からの支援の３項目を含んだ検査票（57項目の職業性ストレス簡易調査票が推

奨されている）に回答する。その結果、②の評価点数が高い人が希望する場合には、医師、保健師、看護師、精神保健福祉士、産業カウンセラー、心理職者の面談を受けられるようにするものである。

　ストレスチェックの特徴は、上記のような個別のケアだけでなく、部署ごと（原則4人以上）の集計・分析によって職場のストレス状態を評価することが推奨されている点にある。ストレスチェックを受けなくても不利益な取り扱いを行なわないことが定められているほか、ストレスチェックの結果は実施者にのみ提示され事業者（会社）には提供されない。ただし結果告知後、面談を希望する場合には、ストレスチェック結果と面談結果は事業者に知らされる。しかしその場合も、面談結果には内容の詳細は記載しなくてよいことになっている。

5．職場のストレスモデル

　職場のストレスがどのように生じているかについて、広く受け入れられている2つのモデルがある。

　図表6-2は、カラセック（Karasek）博士らのDemand-Control-Supportモデルである。さまざまな職業のDemand（仕事の要求度＝質的量的負荷）とControl（仕事の裁量権＝調整可能性）を調べ、①「Demandは低いがControlが高い」（さほど忙しくなく自分のペースで仕事ができる）状態から「Demandが高くControlが低い」（忙しく自分の裁量で仕事を調整できない）状態の方向へ向かうほどストレスが上昇し、虚血性心疾患の出現率が上昇すること、②これらのストレスは職場における上司や同僚によるサポートによって下がることが示された。

　ここから、業務負荷は同じでも裁量権や支援を拡大することでストレスが下がることがわかる。前述のストレスチェックはこのモデルにもとづいており、仕事の負荷の原因や支援の程度などを全国平均と比較することができるようになっている。

　一方、**図表6-3**はシーグリスト（Siegrist）博士らの努力報酬不均衡（ERI）モデルである。このモデルでは、高努力／低報酬状態（「職業生活において費やす努力」（Effort：E）と、「そこから得られるべき（得られるこ

図表6－2　Demand-Control-Supportモデル

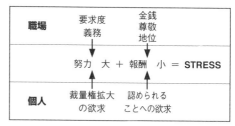

図表6－3　努力報酬不均衡（ERI）モデル

とが期待される）報酬」（Reward：R）がつり合わない（Inbalance：I）状態）を高ストレスとした。ここでいう「努力」（外在的な努力）には、仕事の要求度、責任、負担が含まれ、「報酬」（外在的な報酬）には、仕事から得られるものや期待されるものとしての経済的な報酬（図表6－3の金銭）、心理的な報酬（セルフ・エスティーム。図表6－3の尊敬）、およびキャリアに関する報酬（職の安定性や昇進。図表6－3の地位）が含まれている。

　このモデルでは、「仕事に過度に傾注する個人の態度や行動パターン」をオーバーコミットメントと呼び、仕事上認められたいという強い願望と関連する、危険な個人要因としている。そして「他人より先んじたいという競争性や、仕事のうえで認められたいという欲求のために、必ずしも良好とはいえない就業状況（高努力／低報酬状態）を甘受したり、その認知のゆがみ（要求度に対する過小評価やリソースに対する過大評価）から実際の報酬に見合わない過剰な努力をしたりする」とされる。

　一般には、職場からの外在的な報酬よりも個人の内在的な報酬のほうが効果が大きく、したがってストレスを下げるには個人が認められていると感じられる機会を増やすことが、効果があるとされている。

　これらのモデルからわかるように、仕事（業務）の量を調整できないときのもっとも有効な対処法は、裁量権や支援を与えることと、「認められている」という感覚をもたせることであろう。

本寺大志（もとでら・だいし）――――――――――――――――――― 第 1、2、3、5 章
コーン・フェリー・ヘイグループ コンサルタント。東京大学教育学部卒業、法政大学大学院経営学研究科修了。富士通、GE、コンサルティング会社などを経て現職。著書『コンピテンシーマネジメント』ほか。厚生労働省独立行政法人評価委員などを歴任。

小窪久文（こくぼ・ひさふみ）――――――――――――――――――――― 第 1、4 章
KOKUBOコンサルティングオフィス代表取締役。横浜国立大学経営学部卒業、慶應義塾大学大学院経営管理研究科修了。富士通、グロービス（講師）、コーン・フェリー・ヘイグループ コンサルタントなどを経て現職。2005年より早稲田大学非常勤講師。著書『成功マインド』『はじめて部下をもったら！ リーダーの行動原則80』ほか。

中嶋義文（なかしま・よしふみ）――――――――――――――――――――――― 第 6 章
三井記念病院精神科部長。産業・組織心理学会理事。博士（医学）・精神科専門医・産業医。1987年東京大学医学部卒業後、同付属病院、スウェーデン・カロリンスカ医科大学病院を経て現職。東京大学大学院教育学研究科客員教授などを歴任。著書『家族のためのよくわかるうつ』ほか。

マネジャー育成講座
―リーダーシップの磨き方、組織力の高め方

著者◆
本寺大志、小窪久文、中嶋義文

発行◆平成29年1月1日　第1刷

発行者◆
讃井暢子

発行所◆
経団連出版

〒100-8187　東京都千代田区大手町1-3-2
経団連事業サービス
URL◆http://www.keidanren-jigyoservice.or.jp/
電話◆[編集] 03-6741-0045 [販売] 03-6741-0043

印刷所◆そうめい コミュニケーション プリンティング

©Motodera Daishi, Kokubo Hisafumi, Nakashima Yoshifumi 2017, Printed in JAPAN
ISBN978-4-8185-1608-3　C2034

経団連出版 出版案内

キャリア戦略
プロ人材に自分で育つ法 組織内一人親方のすすめ

関島康雄 著　四六判 248頁 定価（本体1500円＋税）

組織に所属するなかで「自分らしさ」「専門性」「自律性」を身につけて自分への信頼を高め、プロと認められる人材に育つ法を「キャリア」「リーダーシップ」「戦略」の切り口から解説します。

リーダーシップ練習法
上達のための基礎レッスン

木名瀬 武 著　四六判 280頁 定価（本体1500円＋税）

リーダーシップを伸ばすポイントは、日常業務のなかで戦略発想力、行動力、変革力、目標達成力、コミュニケーション能力などをいかに学び、向上させるかにある。実践的鍛錬法を伝授します。

組織の未来をひらく創発ワークショップ
「ひらめき」を生むチーム 30の秘訣

野口正明 著　A5判 148頁 定価（本体1400円＋税）

素材メーカーを舞台に「5年後に利益率5割増」とする提言をつくるワークショップを通じ、メンバーが互いに学び、解決の道を探り、ひらめきを生み出すまでの過程を解説を添えて描いています。

こうして解決する！職場のパワーハラスメント
指導のつもりがなぜパワハラと言われるのか

野原容子 著　A5判 120頁 定価（本体1000円＋税）

パワハラをめぐる状況はますます複雑化しています。本書では、パワハラ判断の一般的な目安やポイント、具体的な事例を取り上げて、企業としての対応策や申立てへの対処法について解説しました。

http://www.keidanren-jigyoservice.or.jp